THE RULES SPECIAL
愛され続ける習慣

エレン・ファイン
シェリー・シュナイダー［著］
キャシ天野［訳］

青春出版社

はじめに――世界中の女性が恋をかなえた絶対法則《ルールズ》

『ルールズ』は、1995年にアメリカで発行され、『ニューヨークタイムズ』のベストセラーに選ばれた本です。その後、27カ国で400万部という爆発的な売り上げを記録しました。

この本は、恋愛のルールが細かく決められたものであり、ここまで実用的なものは、それまでありませんでした。

ルールズ以前の恋愛本では、「男性が喜ぶことをすれば好かれる」「気になる男性にはこちらからアプローチすべき」など、女性らしさや積極性、礼儀作法、優しさを強調することばかりが伝えられていました。それらは世間一般でよく言われているようなことであり、女性たちは皆、それが正しいと信じていました。

かたやルールズは、まったく違う恋愛の進め方を提案しました。それは時に、従来の恋愛本とは真逆のことを伝えていましたが、今まで恋愛がうまくいかないと悩んでいた人が、大きく変わるきっかけとなったのです。

それ以降、「自分らしく生きている女性が愛される」といった考え方や、「必ずしも男性に従順であることがいいわけではない」という新しい恋愛観も、世界中で広がっていったのです。

そもそもルールズは、男性にとても人気のある女性が使っていた方法をまとめたものでした。私たちエレンとシェリーは、この一見特殊な方法を秘密裏に彼女から学び、それがあまりにも効果的だったので、人々に教えることにしました。その結果、多くの女性たちが情熱的に愛されて結婚したことから、書籍として出版することになったのです。そうして全世界で瞬《またた》く間にブームとなり、たくさんの方々がご結婚されました。

今まで恋愛がうまくいかなかったのに、今度は打って変わって幸せな結婚をした人、なかなか結婚できずにいたのに、パートナーから情熱的に愛されて結婚した人——私たちのもとには世界中から幸せな報告が届き、手紙でポストがあふれかえりました。もちろんそのなかには、日本からのものも多数あったのです。

その後もルールズの本は何冊も出版されてきましたが、これまでは男性心理について、あまり多くは語ってきませんでした。男性心理を知っても有効な行動がとれるとは限らないこと、むしろ男性の考えを分析して、相手の本心を知ろうと必死になるばかりでは愛されない、ということを私たちは知っていたからです。

でも今回は、「男性が考えていることを知ることによって、もっと自信を持って女性たちにルールズを使ってもらいたい」という思いから、あえて恋愛においてどのような男性心理が関係しているのかを取り入れながら、ルールズをお伝えしていくことにしました。

さて、ルールズの目的はただ1つ。「愛されて結婚する」、これに尽きます。この方法にのっとっておつきあいがスタートすれば、通常、2年から3年で結婚を決めることができます。ルールズの根底にあるのは、「実際にそうなってしまう」という絶対的な恋愛法則です。

簡単にお伝えしますと、1つめは、「男性は自分の好みの女性を知っている」という法則です。

2つめは、男性はいったんその関係が固まると相手への気持ちも固まるので、「愛されている」という状態で関係性が維持されるという法則です。

これは、ゲームやチャレンジ、スポーツを好む、男性の本能的な資質を踏まえています。男性は勝負をして勝ち進んでいくことに熱中する特性を持っています。そしてどんな男性でも、たとえ口では違うことを言っていても、あるポイントにはまると情熱的に女性を愛するようになります。なぜならこれが「本能」だからです。

今回、男性心理については、人間関係でコンサルティングをしてきた翻訳者でもあるキャシ天野と話し合いながら書き進めています。ただ、大切なことは、男性心理を完全に理解できていなくても、これからお伝えするルールズを積み重ねていくだけで、あなたは情熱的に愛されるということです。

私たちの望みは、皆さんが恋愛で望みをかなえていくことです。皆さんが幸せな結婚、パートナーシップを築けるように、心から祈っています。

THE RULES SPECIAL

愛され続ける習慣

CONTENTS

本文デザイン　新井美樹

本書で述べている「私たち」はすべて、エレン・ファイン、ならびにシェリー・シュナイダー両氏を指しています。

また、本書は恋愛についての指南に重きを置いているため、心理的な部分については、多くの男性から聞いた事柄、あるいは体系的にわかってきた事実と思われる事柄、ならびに心理学各研究機関で研究されたことの解釈などをベースに書かれており、統計や臨床から導き出されたものではありません。また、使用した参考文献、研究、並びにその箇所を提示していません。

科学的な検証をもとに伝えるものではなく、恋愛の指南書、ハウツー本としてお読みいただければ幸いです。

キャシ天野

第1部
RULES BASIC
【基本編】

LESSON 1

恋愛以前のルールズ

さあ、いよいよルールズのレッスンのはじまりです。

ルールズには、いくつかの決まりごとがあります。

なかには、これまでいいと思っていたこととは真逆で、戸惑われることもあるかもしれません。

でも、ルールズを実践した人は、必ず男性から情熱的に愛され、幸せになっているから大丈夫。まずは、ルールズの基本からお伝えしていきましょう。

自分だけの美しさを磨きましょう

男性は女性に比べ、視覚が優位であるとされています。これは「モデルみたいな人しか好かれませんよ」という意味ではありません。男性は恋愛で何かを決めるときに、無意識に視覚で決めている部分が大きいということです。

まず男性は、見た目が好みの女性に対しては積極的にアプローチしてきて、その女性を大切にする傾向があります。恋愛感情も長続きしやすく、簡単に情熱的な恋愛に発展させることができます。この男性心理を意識しない手はありません。

男性が視覚優位なのは、性的な志向にも表れています。女性がより「ストーリー性」を大事にするのに対して、男性はより「見る」ということを重視しています。

では、どんな容姿がいいのでしょうか。私たちは、スレンダーで完璧な美人でないと理想の男性が手に入らない、と言うつもりはありません。男性は自分の好みの範疇《はんちゅう》に入って

LESSON 1
恋愛以前のルールズ

いる女性には、声をかけてくるものなのです。

実はルールズが生まれるきっかけとなった女性も、完璧な美人というわけではありませんでしたが、モデルのような女性たちよりも男性に人気がありました。同様に、モデルのような女性たちよりも、ルールズを実践している女性たちのほうが愛される、ライバルに勝っている、というのはよくあることです。

また、男性は女性たちが気にしているところを、案外気にしていないこともよくあります。たとえば、日本の女性たちは二の腕を気にするそうですが、男性からすると、恋愛においては関係がないことがほとんどです。体全体が細いとかふっくらしているという好みはあるにしても、二の腕が細いから好き、太いから好きではない、ということはほぼありません。ですから、スレンダーで完璧な美人である必要はないのです。

ただ、自分なりに容姿を整えるということは、とても大事です。それは、思いを寄せている男性を何とか振り向かせるために親切にすることよりも、よほど効果的です。

常日頃から、自分の容姿を美しく整えていくことを心がけましょう。その容姿には、かわいげや性格のよさなどの要素も関わってきます。笑顔の自然さ、目の輝きなども「見た目」の1つなのです。それがあなただけの美しさを育てることにつながっていきます。「あなた」を好きな人は必ずいます。これは絶対です。誰に何と言われようと、あなたを選んで声をかける男性はいます。

最近では、以前よりも気軽に美容整形をする女性も増えています。私たちは現実主義者ですから、ちょっとだけ整形して印象が変わるのであれば、それもありだとお伝えしています。でも、「ずっと美容整形を続けなさい」などと言うつもりはないですし、完璧な容姿になるためにずっと変わり続けなさい、などと言うつもりもありません。先に伝えたように、スーパーモデルのようにならないとダメだという偏見にとらわれないようにしてください。

女性はすべて美しさを持っています。そのために容姿を磨いてほしいのですが、同時に「美しくなること」だけに時間をかけないでください。

容姿を磨く、あるいは整えるということについては、「女性らしく」がルールズの基本です。どんなにボーイッシュに見えても、どこかに女性らしい要素が必要です。ふっくらしていたとしても、ウエストとバスト、ヒップにくびれがあると、女性らしい印象を与えることができます。

LESSON 1
恋愛以前のルールズ

髪型はかなり影響があります。あなたの顔を美しく、女性的に見せるようにしましょう。ルールズではロングヘアをおすすめしていますが、とにかく男性にはない、かわいらしさ、美しさが出ればいいのです。髪がパサパサであれば魅力は半減してしまいます。無理に若々しくする必要はありませんが、つややかさは出していきましょう。

服装は、健康的で、そしてセクシーな装いをしてみてください。極端に露出を多くしなくてもいいのですが、脚を組んだときに男性をドキッとさせることだって素敵です。若く見せようと無理しすぎる必要はありませんが、どの年代でも女性らしさは出せるはずです。テレビで見る美しさではありません。「女性らしいこと」が大事です。なぜなら、「あなたが好みの人」に気がついてもらえるからです。

顔の好みと同時に、ある特定の体形が好みの男性というのもいるので、スタイルをよくするために、運動することも大切です。

一番大事なのは女性らしい服装、次に似合うものを選ぶことです。客観的に見ておかしなものは着ないでおきましょう。自分はよいと思っていても、実際に合っているかはわからないので、プロに見てもらうのも役に立ちます。着るものに自信がなければ、骨格診断などを利用してみるのもいいですね。あなたに合うものを教えてくれます。服装だけではなく、化粧品を買いに行ったときなども、アドバイスをもらうとよいでしょう。

また、女性は女性を意識しがちですが、ルールズでは、その意識は不必要だと思ってください。

ブランドものを着たり、最先端を行く必要もありません。誰が美人かなんて比べる必要もありません。ライバルの女性に勝つためにおしゃれをする必要もありません。

大切なのは、あなただけの美しさに磨きをかけ、男性に気づいてもらうことなのです。

LESSON 1
恋愛以前のルールズ

「自分は価値のある女性」と信じてください

ルールズの考え方の1つに「CUAO」というものがあります。これは「Creature Unlike Any Other」、つまり「あなたはほかの誰とも違っている唯一の存在である」という意味です。

前にも述べたように、男性を惹きつける要素として、まずその男性の好みの容姿であることが挙げられます。次に、性格を含めた「見た目」があります。笑顔がきれいだとか、笑ったときの口の大きさが好きだとか、男性はさまざまなところを見てその人を好きになります。

3つめが、その人の〝あり方〟です。これにはいくつかありますが、ここでは「自信」についてお伝えします。ルールズで男性がその女性をだんだん好きになるのには、その女性の自信という部分も大きく関わっているのです。

これは、「私はこんなに稼いでいるの」とか、「モデルだから」「容姿がきれいだから」などと誇示することではありません。「自分は今のままでも十分に素敵」と思う、内側からあふれてくる自信です。

前の項でお伝えした美しくなる努力と、「今のままの自分でよい」ということが、矛盾しているように感じる人もいるかもしれませんね。1つ例を挙げたいと思います。

体重が同じ60kgの、2人の女性がいるとします。1人は100kgからやせて60kgになった女性です。明るく優しく、そしてダイエットに成功した自信があるので、輝いて見えます。男性とのおつきあいもはじまりました。

かたや、ずっと60kgであることを気にしていて、「こんな自分なんて大嫌い」と思っている女性です。髪で顔を覆い隠し、清潔感もなくなってきていて、「自分は太っているから何をしてもダメなんだ」と感じています。

2人は同じ体重で、同じような容姿なのですが、この2人を分けているのが自信です。まわりの声に動揺せず、「今の私で十分」「改善できるところはしていくけれど、今の自分も受け入れていこう」と思えるかどうかで、こんなにも違いが出てくるのです。

LESSON 1
恋愛以前のルールズ

とはいえ、内面の変化を起こすのは難しいものです。そこでルールズでは自信がある女性になれるよう、行動から変えていきます。

まず、「男性がいないと絶望的」という態度をとらないでください。男性に好きになってもらおうと追いかけ回さず、自然体でいる努力をしましょう。ひと言でいうと、「さわやかな、あっさりした女性」でいることです。

なぜなら、男性を追いかけている女性は、身のまわりに男性がいなくて、余裕がないように見える危険性があるからです。

男性は、たとえ自分の好みの女性ではなくても、好かれれば嬉しいと思います。でも、わざわざ指摘はしませんが、追いかけられ慣れている男性であればあるほど、逆に追いかけない女性を好きになったりするものなのです。

行動とは別に、内面から自信を育てる方法もあります。

1つめは、鏡を見て毎日、「私はこの世でたった1人の、価値のある存在」など、自分にとって心地のよい言葉を、自分自身にしっかりと伝えることです。これは「自分自身がその言葉を受け入れ、信じていく」と自分に暗示をかけるイメージです。

2つめは、つらいこと、悲しいことがあったときでも、常に楽観的でいることです。たとえば、せっかく美しくなろうと意気揚々とメイクを変えたら、「そんなの似合わないわよ」と口うるさい母親が言ってくることもあるかもしれません。そのとき、惨《みじ》めだったり、悲しかったり、腹が立ったり、いろいろと感じた気持ちがあるとしたら、そういう気持ちがあることは認めてあげて、「でも大丈夫。そう思ったとしても、私に価値があることに変わりはないんだから」と気持ちを切り替えます。

すると、だんだん「今の自分で大丈夫」と思えるようになっていきます。この自信が、ルールズをやってもうまくいかないとき、目標までたどり着くのを後押ししてくれます。

1つめはポジティブな方法で、2つめはマイナスの感情が湧いたとき、それを乗り越えていく方法といっていいでしょう。

ルールズを実践して幸せな恋愛、結婚をかなえる女性のことを、「ルールズガールズ」といいます。ルールズガールズになることは、自信がある自分を演じることでもあります。続けているうちに、「自信がある人たちってこういう行動をとっていたんだ。私は反対のことをしていたのかも」と気づくこともあるでしょう。

LESSON 1
恋愛以前のルールズ

アプローチは相手から

日本では、「男性からのアプローチを待っていてはダメだ」という考え方が広まっていると聞きました。一方、ルールズでは相手からのアプローチを待つのが鉄則です。

実際、私たちは、女性から誘いすぎるのは問題が多いと思っています。

先にお伝えしたように、男性は自分の好みの人を知っています。一生懸命アプローチしても相手が全然好きになってくれない、どこかで関係が難しくなってしまった、体だけの関係なのに気がつけない、つきあっているのかと確認しても「言う必要はないよね」とごまかされてしまう――このようなケースは往々にして、女性が無理をしてアプローチしたことからはじまっています。

とにかく、男性がその女性を好きな〝芽〟があることが大切です。男性が少しでも関心を持っていれば、どこかで話しかけてきます。そのとき感じよく答えるだけで、あら不思議、男性のほうからいつか誘ってきます。

「相手に誘わせるには、どうしたらいいですか?」

「相手の視界に入るようにしたらいいですか?」

そんなことはしないでください。とにかくその場で自然にしていればいいのです。素晴らしい運命の出会いをするためには、男性がいる場所にたくさん出かけるように工夫をしてください。希望を持って、でも期待しすぎずに、いろいろな場所に行くことが大切です。

希望を持つのは、楽観的に物事を進めるため。

期待をしないのは、1回1回「出会えなかった、今日もダメだった」といった考え方をしないための秘訣です。


さて、ルールズでは男性からのアプローチを待つとしても、「私は高嶺の花なのよ」みたいに高慢になる必要もなければ、卑屈になる必要もありません。ただにこやかにそこにいてください。アメリカではミステリアスであること、「この人がどんな人か知りたい」と思わせるような雰囲気でいてもらうことを大切にしています。

このとき、相手が関心を持っていれば、必ず話しかけてきます。相手があなたに話しか

LESSON 1
恋愛以前のルールズ

けてきたところから、ルールズがはじまります。

ルールズに慣れていない女性たちは、これでは恋愛が進まないと信じています。ですが男性が誘い出してからルールズを使うと、彼がとても情熱的になるので、心地のよい恋愛になることを経験します。

もし、あなたが口下手で、そのために恋愛が進まないと思っているのなら、聞き上手になりましょう。ほかの人たちと楽しめているならば、彼があなたに関心があるとき、彼も話しかけてきます。来ないのであれば関心がないのです。

ルールズを学んでこなかったある女性は、私たちのところに相談に来たときに、ルールズと真逆のことをしていました。彼女の恋愛は散々でした。愛されて幸せな結婚をしたいと望んでいるのに、男性に話しかけては撃沈するということを繰り返していたのです。

彼女が一生懸命なのはよくわかりましたが、関心を示せば示すほど、好みの男性とはうまくいきません。直近の恋愛では、つきあっていたと思っていた男性に結婚を言い出したところ、「そんなつもりはないから」と別れを告げられたそうです。

彼女は垢《あか》ぬけない印象でした。私たちは彼女にまず美容院に行くことを提案し、さらにワードローブのなかの服を写真に撮って送ってもらいました。というのは、デートのときにどんな服装をしているのかを知りたかったからです。

すると、いつ買ったかわからないような、大きな柄のワンピースが出てきました。自分が大柄だから、柄のないものだと変なのだと彼女は言い張りました。しかし、彼女にはとにかく似合っていませんでした。人は自分の価値観を変えなければならないときがありますが、彼女にとってはそれがそのときだったのです。そこで、もう少しシックな服を彼女に選ばせました。

彼女は幼いとき、きれいな女性たちにいじめられて悪口を言われていた過去があり、自分が派手な服装をしても似合わないし、バカにされると思い込んでいました。しかし前にも述べたように、ルールズでは女性に見せるために服を選ぶのではありません。自分が女性らしく、そして自信を持っているということを示すために、運命の人と出会うためにファッションセンスを学ぶのです。

ルールズをはじめた彼女は、最初はぎこちなかったものの、やがて会社でも自信を持ってふるまえるようになりました。すると、1人の男性に話しかけられるようになりました。そこからは注意が必要です。今までであれば、「私のどこがいいの？」と聞いてしまったり、

LESSON 1
恋愛以前のルールズ

「私は自信がないの。本当にあなたを信じたいから、大切にしてほしい」と言ってしまっていましたが、今回はそのようなことはしないようにしてもらいました。やがてその男性は、「ずっと君と一緒にいたい」と、彼女に結婚をにおわせるようになったのです。

彼女ほど自信があって、バランスがとれていて、ほかの女性たちのように浮ついていない（と彼は思ったのでした）女性とは会ったことがない、と彼は言いました。

彼女は今、幸せな結婚生活を送っています。

「自分からアプローチしないといけない」「自分から動かないと何も変わらない」と思う女性たちの気持ちはよくわかります。

でも、今までの恋愛を振り返ってみてください。うまくいったのは、必ず「彼が好きになってくれた」パターンではありませんでしたか？　そして、それは彼があなたを見出してくれて、声をかけてくれたのがきっかけではありませんでしたか？

この「最初のアプローチは彼から」というのは、恋愛を進めるうえでとても重要な法則なのです。

LESSON 2

ベスト パートナーを 引き寄せる 習慣

最初の段階は、恋愛の〝芽〟があることが重要でした。次の段階では、男性の心にさらに火をつけ、その女性のことを考える時間をつくっていきます。

このプロセスにおいては、男性に「チャレンジ」してもらうことが欠かせません。そうすることによって、その女性が自分にとって価値がある女性だと感じ、さらに思いが深まっていくからです。

「恋愛中心」でいると、かえって恋が遠のきます

どうすれば、男性の興味、関心が持続し、その女性のことを考える、つまり追いかけるようになるのか――それは「恋愛中心ではない女性でいること」が重要になります。

ドラマでもなんでも、女性は恋バナが大好きですよね。恋愛をすると、友だちにもその話ばかりしてしまいます。ですが、恋愛のことばかり考えていると、いい結果につながらないということです。

そこで、ルールズで落ち着いている女性たちのありようを学ぶことで、自分自身を鍛錬できると同時に、相手の男性に情熱的に恋をさせることができます。

男性たちも、最初の頃は情熱的なことがあります。でも、それが単なる興味、関心で、女性側ばかり盛り上がると、最初はよくてもそのままでは持続しなかったりすることもあるのです。

LESSON 2
ベストパートナーを引き寄せる習慣

そこで、女性たちにも、恋愛以外のことをしていてほしいのです。もちろん、女性たちが恋愛だけしているわけではないことはわかっています。仕事したり、友だちとも会ったりしているでしょう。ただ、彼との約束を第一にして、すべてのことが彼中心で動いてしまうと、男性はその女性を素敵だと思ったり尊敬したりしなくなるのです。

恋愛小説やドラマでは、男性が女性を大好きになり、常にその女性のことだけを考えている、という姿が描かれることがあります。でも、これは女性の理想だと思ってください。

愛されて大事にされるということは、あらゆる場面で恋愛以外のすべてを後回しにすることではないのです。このような考え方は男性には理解できないため、恋愛中心にしている女性を見ると、たとえ好きな人であっても「この人は暇なんだな」と思われてしまいます。ましてやそれほど興味がない相手に対しては、もっと強く感じます。

ごくまれに、「僕のことだけを見て、ほかのことをしないで」と、趣味や友だちに時間を割かないように言ってくる男性もいますが、これはその女性を束縛しているだけ。多くの男性は、女性にも自分の時間を持ってほしいと思っているものです。

何を「言うか」より「言わないか」が大切です

恋愛では「何を言うか」よりも「何を言わないか」が大事です。

女性同士の関係性では、何でも話せることがよいことになっています。ドラマでも、女性同士だと「今日はこんなことがあって」「それは大変だったね」といった会話をしている場面がありますが、これは信頼感の表れです。

一方、男性同士では、そういったことは話しません。「部長のこういうところが悪い」「そうだ、こういうところはもっとこうでないと」といったように、「気持ち」を理解するというよりも「事実」を共有しています。

もちろん、身内に不幸があったときなどは、相手の気持ちに寄り添うことが大切ですが、基本的には「そうだよね。わかる、その気持ち」という受け止め合いはありません。女性に対しても、共感しつつ話をしっかり受け止めようとするのは、女性をわかってあげよう

LESSON 2
ベストパートナーを引き寄せる習慣

と努力しているときだけです。

そのため、女性同士であればよいとされている気持ちの交換を、恋愛の初期に求めてしまうと、男性には面倒と思われてしまう可能性があるのです。

なぜかと言うと、男性はそのような女性の弱い部分を見て、「つきあうと感情的な話ばかりされて大変なのではないか」「振り回されてしまうのではないか」と思ってしまうからです。

男性は日々の生活のなかでは気持ちを抑えているため、感情を表してくれる女性がそばにいると、心が慰められることも確かです。女性の温かさや共感を示してくれるところなどはとても助けになります。

しかし、感情的なことばかり話していると、相手に依存しているような印象を与えてしまうこともあります。

また、自分をよく見せようとして話しすぎることも、おすすめしません。たとえば、「女性は恋愛中心ではなく、自分のこともできたほうがよい」ということを意識しすぎて、「私は○○をしているから忙しいの」みたいな言い方は逆効果です。詳しくはのちほどお話ししますが、ルールズでは「今、忙しくて」と言うだけにとどめ、わざわざ細かい説明はしません。

そもそも、私たち女性は話しすぎなのかもしれません。男女を問わず、人は自分の話を聞いてもらいたいと思っています。だから、聞き上手な人のほうが好かれます。

「何を言うか」よりも、「何を言わないか」に神経を使うことは、自分自身の話し方のいい訓練にもなるでしょう。そうして聞き上手なあなたに変わる頃には、あなたに声をかけてくる男性も現れるはずです。

LESSON 2
ベストパートナーを引き寄せる習慣

誘われるまでにやりとりしすぎてはいけません

さて、男性からあなたに声がかかりました。それはメールかもしれませんし、チャットかもしれません。嬉しくてたくさん話したくなりますね。でも、ここでたくさんやりとりをしすぎないようにするのがルールズです。ラインなどのチャット形式のツールで会話をする際も、そこでのやりとりは短めにします。

よく、つきあっていると思っているのに、数カ月で急激にうまくいかなくなる人がいますが、それは最初の段階で急ぎすぎているのが1つの原因です。

男性は女性を落としたいと思っていると、落とすまでは熱心になることがあります。連絡が来ると嬉しいので、そのときにはやりとりが盛んです。あなたも返事の早さに嬉しくなり、どんどん送信をしてしまうのですが、そうすると、のちのち相手が普通の速度に戻ったときにパニックになってしまいます。

男性は「うまく会話して、何とか誘う方向へ持っていきたいな」と思っているわけですから、会話を続けるよりも誘ってくれることのほうが重要です。

相手が連絡先を聞いてくれて、ラインなどがはじまったら、いずれ彼はあなたを誘い出します。そこで自分からぐいぐい押すよりも、心地よく短めに返しておいたほうが、恋愛になったときにもよいのです。あなたの心をつかもうとすることが、彼にはチャレンジになるからです。

ずっとスマホの前で待ち構えているような印象を与えないように注意してください。ときどき返すのが遅くなってもかまいません。連絡を返しすぎると、最初の頃はそれが嬉しくても、つきあってしばらくすると、連絡が来ないとすぐ不安になる部分に幼さを感じることもあります。

情緒が安定していることは、ルールズガールズが恋を上手に進めるためにも大切です。最初はうまくできなくても、練習することはできます。「連絡してもらって、すごくすごく嬉しい！」という態度を見せると、暇でモテない女性のように見えてしまうのでやめましょう。自分の時間を大切にし、そのうえで応えられるときには応えるという姿勢でいてください。返事をする必要があるのは、デートの誘い、あるいは質問などが来たときです

LESSON 2
ベストパートナーを引き寄せる習慣

が、常にその話を大きく膨らませようと頑張りすぎないでください。

なかなか相手の返信がないと、追いかけたくなるかもしれません。でも、既読にならないのであれば、彼はあなたにあまり関心がないということです。好きな人なら空き時間になればすぐに読み、そしてなるべく早く返そうとするからです。質問などにもなるべく考えて返答しようとする誠意でいっぱいです。

恋愛へと進んでいくときには、彼は必ず連絡してくれますので、あせらずにいきましょう。

デートの約束は3日前に締め切りましょう

デートの申し込みが来ても、二つ返事でOKしてはいけません。自分のなかで締め切りを持っておきます。土曜日のデートであれば、水曜日までが期限です。

男性は、好きな女性には気を配るものです。何曜日だったら空いているかと考えますし、聞いてきます。そうやって相手のことを考えている間に、もっとその女性のことを好きになったりもします。

さらに、その女性にいろいろとすることがあったほうが魅力的に映ります。男性はいずれ、いつも暇な女性に魅力を感じなくなります。デートの誘いがいつも直前に来るのであれば、都合のいい相手と思われてしまっているのかもしれません。

常にあなたが直前のデートのお誘いを受けていたらどうなるでしょう？ 最初の段階で、「○曜日は空いているのかな？」などと聞かないようであれば、気を遣っていないのです。

LESSON 2
ベストパートナーを引き寄せる習慣

つきあいはじめてから、いつも直前の誘いに答えていたとしたら、それはもう大事にされないように男性を訓練してしまっているようなものです。暇で、おまけに自分からフラれるのが怖くて、いつでもつきあってしまう――体だけの関係になってしまうのは、こういったことが原因でもあるのです。

ともに土日休みの仕事をしているのに、土曜日に全然誘ってこない場合は、少し注意が必要かもしれません。土曜日や日曜日にまったく会えないのであれば、それは大切にされていない、あるいはほかに彼女や奥さんがいるということもありえます。

さらに、インターネットで出会っているケースで、常に土日を空けられないということであれば、ほとんどの場合、彼には本命の彼女がいます。

先に伝えたように、男性はその女性が好きであれば、必ず休日を空けてくれるものです。その女性が好きであれば早めに予定を押さえておきたいし、長い時間一緒にいたいと思うからです。

理想的には、水曜日前に予定を決めておくことです。木曜日に「次の土曜日はどうしているの？」と聞かれたら、「その日は別の予定が入っているの」と断ってください。直前に誘ってもいつも会えるようになってしまうと、その関係が雑になります。

また、「何曜日までに連絡をちょうだいね」などと言ってはいけません。お誘いを断っていると、だんだん男性自身が「早めに予定を組まないと彼女に会えない」と気がつくことが大切なのです。それを男性に無理強いしては、ルールズにはなりません。

彼がもしギリギリまであなたと連絡をとらないということを繰り返していれば、会えない時間が永遠に続きます。それでもあなたは「残念だわ。その日はもう予定が入っていて」と、申し訳なさそうに伝えてあげてください。

彼があきらめてしまうのではないか、心配ですか？　がっかりした様子でも、彼が彼女を好きな場合は、再チャレンジしてきます。

今までルールズを知らなかった女性たちでも、この方法を取り入れると、彼が変わることはよくあります。今まで直前のデートに応じていた彼女が、「ごめん！　その日は予定が入っていて、すごく残念」などと断るようになっても、彼が彼女を本当に好きである場合には、デートの回数が増えたりするのです。

デートの感触がよかったら、次の連絡を待ちましょう。1、2週間空いたとしても大丈夫。あなたに関心があれば、彼は必ず連絡してきます。

LESSON 3

恋のはじまりのルールズ

恋愛では、つきあいはじめが肝心です。うまくいくはずだった恋愛も、そこを間違ってしまったばかりに、途中で終わってしまうことがあるからです。

この章ではつきあいはじめ、特に3回めまでのデートで気をつけるべきポイントをお伝えします。

3回めのデートまでは「話しすぎない」

デートでは、たくさん会話をしてみてください。ただし、デートの3回めまでは、聞くことを中心にするくらいでちょうどいいかもしれません。

もちろん、相手を退屈させる必要はないので、共通で盛り上がれる会話を振ってもかまいません。ただし、会話の横取りをしないように注意してください。たとえば、相手が何かを話すたびに、「あ、それ知ってる」「それってこういうことだよね」とまとめてしまったりしてはいけません。話の途中、あるいはまだ言いたいことがあるのに、話を奪ってしまうことになります。

共通の話題を話すということと、会話の横取りをすることは別物。相手の話題が終わったあと、まだ話すことがあるかどうか少し待ってから、付け加えたいことなどを話してください。そういった知恵は、対人関係でよい関係を築くうえでも役に立ちます。会話につ

LESSON 3
恋のはじまりのルールズ

いては、気をつけすぎると楽しくなくなるので、楽しいということが第一ですが、それは友だちとの関係でも練習できます。

特に恋愛の最初の頃、話題以上に大事なのは、心情的な話題を出さないこと。そういった話題でしゃべりすぎないことです。たとえば恋愛での失敗、家族歴で悲しいことは、3回めまでのデートでは話さないでください。仕事での苦労話や自分がどんなに努力したかなども、長く話す必要はありません。

では難しい質問が出たら?「前の彼とはどうして別れたの?」と聞かれても、最初から悩みごとのバーゲンセールをする必要はありませんから、性格が合わなかったのならそう答えればいいですし、気持ちが冷めたのなら「途中からお友だちに戻ったほうがいいかな、と思って」などのように伝えればいいのです。

「ご家族は?」と聞かれたら、家族関係が複雑であっても、家族構成を答えてください。嘘ではない範囲で簡潔にするということです。「この部分は言わなくてもいいかな、深刻だし」という部分はカットしていきましょう。ルールズガールズは嘘つきではありません。好かれるために嘘をつくと、どんどん収拾がつかなくなります。

いずれはあなたが詳しく話をしていくにしても、女性が心情を長く話せば話すほど、魅力的な印象は薄れてしまいがちです。相手の男性がただの興味で聞いたりしても、女性の側は「とても深く話し合えたわ」と思ってしまったりします。なぜなら、女性は自分の心情を聞いてもらえばもらうほど、相手に対して親密な感覚を持ちやすいからです。そして心苦しさを吐露するほどつながれると感じてしまうのであれば、それは人に対して「わかってほしい」『わかってくれないとつながっていない」という不安を抱えていたり、依存したい気持ちがあるのかもしれません。

愚痴《ぐち》もよくありません。もし彼と共通の知人がいるとしても、愚痴に対して同じように悪口を言ってしまっていると、縁がこじれていったり、誰かのせいにする人と縁ができてしまいます。その結果、愚痴大会のためのおつきあいになってしまったりします。

最初の頃のデートでは、ミステリアスな女性、興味深い女性、話したくなるような女性、まだまだ知りたいことがある女性でいることが大切です。

恋愛の初期において、4回めのデートまでは特に、「この人のことはもう十分わかった」という気持ちを持たせることは、得策ではありません。まだ深いおつきあいではない女性

LESSON 3
恋のはじまりのルールズ

に対しては、愛情どころか退屈さを覚えてしまいます。

時間をかけて徐々に知っていくほうがよいことは、たくさんあります。最初にすべて話そうとするよりも、そのときどきで「こんな面があるのか」という新しい発見があったほうが、男性にとっても満足感が高くなります。

静かににこやかに話を聞いて、ときどき相槌《あいづち》を打ち、上手に楽しく返します。話題は好きな食べ物や最近起こった素敵な事柄、楽しかった話などがいいですね。

会話の相手が好意を抱いている女性であれば、男性はその人そのものに何か素晴らしい背景があるようにとらえていくでしょう。

一目置かれるのは「恋を急がない女性」です

恋愛を早く進めたくて、この人に好かれたいと思っている女性たちはたくさんいます。でも、デートに誘われても恋を急がないのが鉄則です。

あせらないでいると、その女性はかえって恋愛で一目置かれたりします。つまり「大事な人」という認定を受けるのです。実際、ルールズガールズは、恋の最初の段階で「あなたは何か違うよね」と言われることがよくあります。美人なのになぜか恋愛が途中でうまく進まなくなるという女性たちも、このルールズでたちまち恋愛が進むこともあります。

デートであせらないというのは、何とか関係をよくするために、最初から長い時間一緒にいようとしたり、相手が帰ると言うまで張り付いていたりしない、ということです。

デートではどうしてもそういったあせる面が出やすいため、ルールズでは、できればデート前でさえも、デートのことばかり考えずに自分の好きなことをする時間をつくったり

LESSON 3
恋のはじまりのルールズ

して、恋愛中心の姿勢を変えなさい、とも言っています。

また、デートのお開きはあなたからする癖をつけてください。「そろそろ帰ろうか」というのが常に彼のほうからだとしたら、それは変えていきましょう。

あなたにも、明日の予定や仕事の準備があるでしょう。「今日はとても楽しかったです」「もうそろそろ失礼しないと」「明日の朝は早くて」など、理由はどんなことでもかまいません。「帰るのは申し訳ない」という態度ではなく、スマートに帰っていきましょう。そのほうが印象がよいからです。

「帰りを遅らせることで、従順な女性に見せないと」。ムダです。ずっと一緒にいたいからという理由で、性格がよいとは思ってもらえません。

「彼の機嫌を損ねないようにしないと」。そんなことをしても、愛情にはつながりません。機嫌を損ねないように頑張っていると、相手がそれを利用してくる恋愛になります。

「彼を好きだと示さないと」。それはあなたが、好かれていないと不安だという気持ちを、相手に投影をしているだけです。相手に張り付いていれば好きになってもらえて、安心できるわけではありません。

デートで張り付いていた女性たちが、「明日は早いから、そろそろ帰るね」など言えるようになると、ダレていた関係が改善することもあります。ある女性は、最近彼の態度がよくないのが気になっていました。そして彼女はルールズによって、彼を甘やかしてきたことを知ったのです。彼女は「ずっと一緒にいたい」と彼にくっ付き回っていたのをやめました。すると彼は訝《いぶか》しがり、ちょっと心配するようになりました。

「どうしたの？　帰りが早いじゃん」こんな疑問を言うようになったら、男性はその女性に関心を示しはじめているのです。もし、今まで帰ろうと促していた彼が「もうちょっといようよ」などと言ってくれるようになったら、確実に効果が出ています。そのときには少しの間一緒にいてもいいのですが、なし崩し的に前に戻ってはいけません。

彼女も、彼が心配しているようなので態度を戻そうとしましたが、ルールズを信じて続けました。すると、彼は今まで全然連れて行こうともしていなかった遊園地に、彼女を連れて行ってくれたのです。

いい印象を残すのは、デートのお礼や楽しかったというひと言、あなたの笑顔で十分なのです。

覚えていますか？　あなたは価値がある女性です。「今日は楽しかった。ありがとう」と言って、いいお時間になったら帰るようにしましょう。

LESSON 3
恋のはじまりのルールズ

「お金と時間を使うほど好きになっていく」男性の心理

男性は、好きな女性には時間を使います。どの程度好きかもそれでわかります。そして、使っただけその女性を好きになっていきます。使えば使うほど思い出が増え、その女性が大事になっていきます。

それはお金も同じです。男性は、大事な女性にはお金を使います。そして、自分が投資した分だけ、「この女性を好きなんだな」と自覚していくのです。

日本にはお見合いのシステムがあり、礼儀として、最初のデートは男性が出すように言われていると聞きました。それも、男女のデートのあり方に根差した、賢い知恵なのでしょう。

ただ、とても残念なことでもあるのですが、男性はどの女性だとどのくらいは出せるという計算をしていたりもします。そのため、ルールズでは「必ずおごってもらうように」

とお話ししています。おごってくれない男性には執着せずに、ほかの男性に行くように、とまでお伝えしているほどです。

なぜかと言うと、男性は関心がある女性には、いい姿を見せたいし、何らかの投資をしたくなるものだからです。ただし、おごってもらったお礼は必ず伝えましょう。何回かに一度はこちらが支払ってもいいですし、感謝の気持ちを表すことが大切です。

日頃からお金を出してもらうことに慣れていないと、逆に居心地が悪くなってしまい、どうしても自分が出したくなる人もいるでしょう。でも相手がせっかくごちそうしてくれるのであれば、その騎士道的な精神を邪魔するのはよくありません。

一方で、男性が全然お金を出したがらないのであれば、相手はあなたをお友だち候補として見ていると考えておいてください。おつきあいをしても、あなたを守るというよりも、もっとお友だち的なものになるでしょう。

また、お相手の方が学生だったり経済的な事情があったりする場合は、高価なレストランに行く必要はありません。彼のできる範囲でいいので、たとえ安いお店でも腹を立てないであげてください。

大切なのは、あなたを女性として見ている気持ちです。男性におごってもらうのは、「私

LESSON 3
恋のはじまりのルールズ

はすごいお金持ちとつきあっているという自尊心を満たすためのものではないのです。

また、「得をしたい」などという根性も見せてはなりません。

男性は、女性に対してお金を使っていると、「おごるのは、それだけ彼女を好きだからだ」という理由付けをするようになります。

ただし、それは相手の意思でしてもらうべきものです。無理にそうするように仕向けたり、「男性はおごらないとダメだよ」という説教をすべきではありません。無理強いされると、それは自分の意思ではないので、「自分はお金をかけるほど、この女性を好きなんだ！」という認識が生まれません。


時間やお金を割いてくれない男性とおつきあいし、さらに結婚した場合、自分が尊重されていないと感じる女性たちもいます。でもそれはどこかで、「この人がいないと、もう次はないかも」とあきらめて結婚してしまったせいかもしれません。

ある男性と交際をしている女性がいました。彼は、確かに彼女を好きでした、言葉でもそう言っていたし、毎週デートにも誘います。彼女とは結婚も考えていました。

ただ、彼はとても節約家で、デートの際に一切お金を出すことがありませんでした。彼女を一番好きではあったものの、お金に対しての考え方に偏りがあって、食事代もけちるのです。6年のおつきあいのなかでそれがわかった彼女は、彼と結婚をしてもまったく幸せになれないと気づきました。彼と別れたその女性は、その後ルールズをして新しいパートナーと出会い、今はとても幸せな毎日を過ごしています。

おごってくれない割り勘主義の男性とつきあっている場合、私たちは次の人を探してほしいとお伝えしています。でも、どうしても彼が好きで離れられない場合は、決してそのことで愚痴ったり、彼を変えようとしたりしないでください。ただし、お金の価値観が合うかどうか、彼がほかのルールズを守れているか、そして何よりあなたが彼から大事にされていると感じるかどうかは、しっかり見ていきましょう。

高飛車になる必要はなく、でも遠慮をしすぎずに、ごちそうになってください。最初のデートはお茶程度で、やがて食事などをするようになります。結婚したいほど好きな女性であれば、男性は何らかの形で彼女のためにごちそうをしたいと思うので、そういった彼の騎士道的な精神を傷つけないようにしましょう。

LESSON 3
恋のはじまりのルールズ

体の関係を早まらないで

一般的に、男性は性欲が強いものです。もちろん、女性のなかにも性欲が強い人はいますが、それは純粋に性的な関心が高いという点に違いがあるように思います。

そして女性は、体の関係を持つと、愛されているような気持ち、女性として価値があるような気持ちになりやすい傾向があります。つまり、体の関係が愛情や価値観とつながりやすいということです。

しかし、男性はそうではありません。体の関係から入ってしまうと、その後の関係が難しくなります。男性は女性ほど性的な事柄に危険が伴なわず、純粋に快感だけを求めることができた歴史が長いですから、結婚まで行かない関係ではあってもお互いに損がないと考えます。恋愛ごっこみたいなこともできるのです。

男性は、最初に〝セフレ〟としてはじまってしまうと、その位置で関係性を固定するという研究もあります。また、厄介《やっかい》なのは、男性はセックス目的であればあるほど、相手に嫌われないよう気を遣う必要がないため、情熱的な感じになったり、その場で適当なことを言ったりするので、相手の女性が勘違いをしやすくなります。つまり、面倒なことになりたくないからこそ優しいけれども、そこには愛情がないのです。

そういった体目的か、あるいは自分に関心があるかを見分けるには、デートが定期的にできるか、土日なども会えるか、ドタキャンしたりしていないかなど、どこかで面倒くささを感じていないかがチェックポイントとなります。

彼は優しいけれど、それ以上立ち入らせないような部分があるとしたら、すぐに関係を切ってください。そういった人たちは、サクッとセックスを済ませたいだけですから、セックスなしのデートには誘わないこともあるかもしれません。

くれぐれも恋愛をあせり、彼の情熱的な態度を、自分への恋愛感情と受け取ってしまわないように注意してください。

ここで、セフレになってしまう女性には、少し厳しめにお伝えしなければなりません。というのは、そういった関係に「愛情がある」と思ってしまうことが、その恋愛を続ける理由になっているからです。

LESSON 3
恋のはじまりのルールズ

女性にとっては恐ろしいことなのですが、男性にとってセフレは、心理的に友だちよりも下に位置することが多々あります。しかし、女性は体の関係を持っているセフレのほうが、友だちよりも尊重されていると思いがちなのです。気軽に「かわいい」などと言えるのは、責任感がないからということもあります。そういった場合には、彼女にしようとしません。「私はあなたにとって彼女なの？」と聞いても、「そんなの言わなくてもわかるでしょ」などとごまかしてきたりするのです。

ここからは、男性に心から愛されるルールズガールズになる方法をお伝えしましょう。体だけの関係にならない女性たちは、恋愛の進め方がゆっくりです。相手から話しかけてくれて、のんびり過ごしていたら大事にされた、という人もたくさんいます。ルールズでは、3回めのデートまでは、とにかく2人きりにならないように、としています。「何もしないから2人きりになりたい」という言葉がものすごく早く出るのであれば、注意が必要です。本当に好きな女性には、そんなことは言いません。男性は好きな女性には慎重に行動するからです。

いずれにしろ、セックスはつきあっている、大事にされているという確信が持てたときのほうが望ましいでしょう。

ただし、「体の関係を持つなら、つきあっていないとイヤだ」といったことは言ってはいけません。もし男性から「じゃあ、つきあう」と言われても、それはセックスをしたいがための交換条件として、その言葉を引き出していることになってしまうからです。

言葉ではなく、ルールズを守っているかどうかを見てください。彼はちゃんとデートに誘っていますか。セックスをしなかったからといって、急に態度が変わったりはしませんか。時間や、時にはお金を使ってくれているでしょうか。彼から思いやりを感じられるかどうかが大切です。

そうしてきちんとつきあっていることがわかったうえで、性的な関係を持ってください。ただし、必ずしもつきあっているならセックスをしないといけないわけではありません。たとえば、宗教上の理由などで婚前交渉ができないのであれば、それを伝えてわかってもらったうえで、あなたを愛してくれる男性とおつきあいしてください。

大前提として、セックスまでには何回か会うようにしてください。男性が本当にその女性を好きな場合は急ぎません。嫌われたくないからです。本当に好きな人をデートに誘い、

LESSON 3
恋のはじまりのルールズ

そして時間をかけて性的な関係を持てたとき、男性だってとても嬉しいのです。

ある男性はプレイボーイで、すぐにキスをしていましたが、ある女性には慎重で、キスまでに1カ月もかかりました。「自分でも不思議なんだけど」と彼は言いました。とてもロマンチックに演出したかったそうです。その2人は、もちろん結婚をしています。

セックス後に冷たくなる男性、セックスをしないと去るような男性なら、そもそも関係が築けていないのです。その女性を大事にしているなら、彼も優しくするはずです。ルールズを守れているようであれば、大事にされていると言えるでしょう。

また、特にアプリで知り合った場合、セックスの後で会いたがらないのは、あなたのせいではありません。あなたに興味はあったけれど、それは性的なものが中心で、落としてしまえば関心がなくなる程度でした。

これは男性の本能的な反応です。あなたに女性としての価値や魅力がないわけではありません。だから「あんなに優しかったのに連絡が来なくなったのは、私のせいなんだ。大事にされていたのに、何を失敗したんだろう」と悩む必要はありません。

今後はルールズを守り、しっかりと時間をかけて相手を見極めてください。そのお相手はあなたに情熱的になることでしょう。

デートに誘われなければ「次」へ行きましょう

ルールズをしていると、あなたにふさわしい男性が現れるまでの回転が速くなります。女性たちのなかには、好みの男性と簡単につきあう人もいますが、そういった女性たちは、恋愛に慣れていて回転が速いのです。

たとえば、その男性と話をしても脈がないと全然関心を持たず、そして好みの男性と出会ってそのなかに自分を好きになる人がいれば、おつきあいをはじめます。

恋愛に慣れていない人ほど、「彼は私を好きなはずなのに」と思って頑張っているのですが、自分を好きではない人ほど価値がある、振り向かせたい、といった思いが強いようです。うまくいっていないときほど占いをしたり、話しかけたり、ラインをしてもやりとりが続かないと悩み続けたり、あるいは体の関係になったら彼が結婚してくれると思っていると、うまくいかないままどんどん時間が経ってしまいます。

LESSON 3
恋のはじまりのルールズ

しかし、脈のない人にこだわらず、良い人に出会えると信じていると、恋愛が早くやってきます。つまり、進まない恋愛にしがみついているのはいいようでいて、実は得策ではないのです。

1人の人にしがみつくのではなく、うまくいかないなら次の人に行くのがルールズです。私たちはユーモアも含めて、ルールズにならない男性を手放してほかの男性を探すこの行動を、「次！」という言葉で表します。

彼とメールしてもデートに誘わないならば「次！」ですし、彼があまりに気遣いがないのであれば「次！」です。

「次！」ということができる女性は、男性とのおつきあいも上手で、あっさりしていて執着がないので、より良い関係性を築けるようになるでしょう。

縁とは不思議なもので、あなたが特定の男性にしがみついていると全然出会いがなく、逆に「もうこの関係はいいや」と思って気持ちがすっきりさっぱりすると、すぐに次の人が現れたりするものです。

ですから、とにかく執着をなくして、いろいろな場所に行っていただきたいのです。あなたが幸せになるその相手を、今は誰と決めなくてもかまいません。ただしルールズをしようとしても誘ってこない人は、「次！」と考えてください。そのほうが早くあなたを愛してくれる人に出会えるでしょう。

ルールズが習慣になるまでは、ほんの少し努力が必要です。何を改善するにも、やる気が必要になります。

私たちがよく伝えるのは、幸せとは、チョコレートパフェやお菓子が食べ放題の生き方ではないということ。自制心を持って、パフェやお菓子をいつ、どの程度食べるかを決めることで、幸せがやってきます。

ルールズガールズとは、幸せになることを計画し、それをかなえる生き方を選んでいく女性たちなのです。

恋に恋する〝幻想恋愛〟になっていませんか？

なかには、まったく恋愛にならずに終わるケースもあります。そのほとんどは〝幻想恋愛〟です。幻想恋愛とは、脈があると思う、絶対に相手が好きだと思う、けれども相手からアプローチがない恋愛を指します。

たとえば、歯医者さんに行ったら、その医師がとても素敵な人で、私だけに親切だと思う、絶対に私だけに微笑みかけてくれている、緊急の場合には「いつでも連絡してください」と私だけに言った……というとき。最初はダメそうだと思っていても、結婚に至っている場合には、必ず相手からアプローチがあるか、あるいは早い段階で男性が一緒にいる時間をつくってくれます。

しかし、幻想恋愛は何も進展しません。女性たちは恋愛が進まない理由を、「相手が恥ずかしがり屋で声をかけられないから」「本当は私に魅力を感じているのに、周囲に好きだとバレるのが怖いから」などと考えます。そうして時間ばかりがどんどん過ぎていくのです。

でも、ちょっと冷静になって考えてみてください。進まない恋愛は、現実の恋愛ではありません。どんなにあなたがその人を運命の人だと思っていたとしても、です。もし運命の人だとしたら、そもそも最初の段階で恋愛になっているのではないでしょうか。

「私は特別なものを感じたから、相手も絶対にそうなはず。途中でさまざまな問題が出てきたり、心を悩ませることがあったとしても、もうすぐうまくいく」と絶対に縁があると信じて、何年もムダにしている人もいます。

そういった執着を捨てることは、どんな恋愛でも前に進むきっかけになるでしょう。「この人こそが運命の人」と思っていても、その人への執着がなくなったとたん、別のもっと好きになれる人が現れる場合だってあります。今、手に入っていないと認めたくなくて、その恋愛にしがみついているときというのは、「彼は自分を愛してくれているはずだ」という〝思い〟そのものに恋をしているのです。

その恋愛が幻想かどうかを見極めるポイントは、進むかどうかです。

どうしてもその恋愛をあきらめたくない場合には、「自分がとことん納得がいくまで、責任を持って見届ける」というのも1つの方法です。ただし、「この恋愛は絶対にうまくいく

LESSON 3
恋のはじまりのルールズ

はずだ」と思い込み、そこに踏みとどまることは、逃げになっていることがあるので注意が必要です。

ルールズを使って恋愛、そして結婚に至った女性たちは、「恋愛って、こんなに簡単に進んでいくものなんですね」とよく言います。うまくいく恋愛は、本当に進みが速いのです。

一方で、お互いに好きで一応つきあったものの、なかなか進まないケースもあります。もし、本当にその相手が自分を好きだと思っているなら、あえて少し距離を置いてみてください。うまくいくときは、絶対に進みます。何をしても進まないというときには、「その人が好き」というよりも、「その人じゃないと嫌だ。手に入ると思っている、この気持ちのままでいたい」という思い込みがないか、振り返ってみてください。

恋愛を進めたいならば、執着を捨てて「次！」です。もし縁のある人ならば、次へ行くことで何かが動くでしょう。「彼への思いを捨てるのが怖い」だけの理由で、そこにい続けてはいけません。

自分を幸せにする、占いとの上手なつきあい方

〝幻想恋愛〟から抜け出せない人のなかには、占いに依存してしまっている人もいます。これには2パターンあります。

1つは、つきあっていないのに、占いをしては「彼は私を好きなはずだ」「私たちの相性はいいからうまくいく」などと思ってしまうことです。そうして占いを見続けているうちに、だんだん「彼はこんなふうに私を思ってくれている」と信じ込むようになっていってしまうのです。

極端な例では、その恋愛をあきらめるまでに15年もかかってしまった人がいました。片思いの人をずっと思い続けていたのですが、占いを支えにその気持ちを維持し続けていたのです。

しかし、占いを見続けていないと不安なら、それはどこかおかしなことなのだと気づく

LESSON 3
恋のはじまりのルールズ

必要があります。そもそも女性が占いを見るときというのは、もはやその男性とはすれ違っているのかもしれません。

占いは所詮《しょせん》占いです。ときどき見て参考にする程度ならいいですが、まだおつきあいがはじまっていない段階で、占いを見ては「今の彼の気持ちはこうなんだ」と期待を持ち続けるのはやめておいたほうがいいでしょう。それはお相手にとっても気持ちのよいことではありません。

もう1つは、占いに「2人は特別な魂のつながりがある」という根拠を求めてしまうことです。

魂のつながりがある人同士が、ある試練のために別れている期間をサイレントと呼ぶそうですが、そういった場合は、相手が熱心にアプローチしてきてつきあい、でも2人が何らかの人格的な成長を遂げなくてはならず離れている期間があった、ということなのでしょう。

そういう例も、ないわけではありません。あるカップルは、彼が情熱的に彼女にアプローチしておつきあいがはじまりました。ただ、彼が社交的な一方で、幼少期に寂しい経験をした彼女は、彼を独占したがりました。そうしてあるとき、彼が女性を含むグループで出かけてしまったことで大げんかになり、別れてしまったのです。

相談に来た彼女は、「こんなに相性がいい人はこれまでいなかったし、彼は自分のことをとても愛してくれていた。なのに、なぜいろいろな人と出かけるのをやめてくれないのだろう」と悩んでいました。

話を聞くうちに、彼は人と会ったり人を助けたりすることが好きで、それが個性だということがわかりました。たとえ彼女と言えども、そうした自分の生き方に口を出されたくなかったのです。また、彼のほうも彼女に未練がありそうでしたが、これまで別れた人とよりを戻したことはなかったそうです。

彼女は、自分自身がなぜ彼を信じられないかということに向き合う必要がありました。そして彼も1人の女性を選ぶことへの不安を手放し、一度ダメになった関係でもやり直せるという新しい考え方を取り入れる必要がありました。

それぞれの課題を乗り越え、気持ちの整理がついた2人は、再びつきあいはじめました。今は前と同じか、それ以上に幸せになっています。

LESSON 3
恋のはじまりのルールズ

ただ、まったくつきあったことがない人、あるいはそばにいない人に対して、「この人は運命の人で、私は特別なものを感じている。彼も同じはずだ」と思ってしまうと、話が違ってきます。「こんなサインがあれば、2人には特別なつながりがある」といった情報を見聞きした結果、10年も20年もその人を待ち続けてしまったとしたら、あまりにもったいない。もしかしたら、その間にあった別の出会いを見落としてしまったかもしれないのです。

また、自分が意識を向けたものが自分のもとにやってくるという「引き寄せの法則」という理論がありますが、これにも注意が必要です。引き寄せの法則は、自分の心が安定し、相手のことが気にならなくなったようなときほど起きやすく、相手に執着していると、かえってうまくいかないのです。

そこで視点を変えて、占いではなく、「自分」を信じましょう。

あなたは運命の人に出会うでしょう。それが片思いをしている人だといいなと思っているかもしれません。あるいは、今は離れている彼だといいなと思っているかもしれません。

まずは、あなたが魅力的になり、幸せな状態になることが第一歩です。もし、その男性があなたを好きなら、あなたのもとにやってきます。そうでなければ、もっと良い人があなたのもとにやってきます。

そのルールズに気づいたとき、占いよりも自分を信じられるようになるでしょう。

パートナー選びで絶対に譲れないポイント

デートをして、そのお相手とは幸せになれない関係であると気づいたら、断ち切る必要があります。せっかく好きになっても、その男性といて幸せではないのに結婚したら悲惨です。今悩んでいる問題は、ずっとあなたにつきまとうことになります。

パートナー選びでは、どうしても譲ってはならない条件がいくつかあります。具体的には、相手が中毒性の問題を持っているケースです。

その1つがアルコール中毒です。たとえ中毒という段階ではなくても、アルコールを飲むと人が変わるなどの場合も避けたほうが無難です。今はあなたに対してだけは気をつけてくれていたとしても、アルコールを飲んで人が変わるということがあれば、結婚後、必ず家庭生活に影響が出てきてしまいます。もし、彼がすでに改善を目指してカウンセリングを受けているのであれば、慎重に様子を見ていってください。

とはいえ、アルコールをやめるというのは大変なことです。あなたを失いたくないからという動機だけでは難しく、彼自身がそれに向き合っていないと、容易に改善はできません。

そのほかには、セックス依存もあります。会話をしても退屈そうで、どこに行っても何をやっても我慢してつきあってくれている、自分のことを好きな様子は見えるものの、セックスのことしか考えられない、とにかく新しい性的な経験にばかり話がいく……そういった場合には、セックスに依存している可能性があります。つきあっていても、だんだん女性のほうが違和感を抱くことになります。

セックス依存であれば、ほかの人たちとも関係を持っていきます。この傾向がある人は、アルコールの問題も一緒に持っていることが多く、気を紛らわすためやセックスの前にお酒を飲むのが習慣だったりもします。

暴力(DV：ドメスティック・バイオレンス)もあります。これは肉体的なものだけでなく、精神的なものも含まれます。殴る、蹴るなどはもちろん、すぐに誰かを軽蔑をしたり、そういった態度をまわりに表したりしている男性は、結婚後、パートナーに対しても同じような態度に出ることがあります。

LESSON 3
恋のはじまりのルールズ

どんな理由があったとしても、その人を選ぶのはやめてください。特に、幼少期に暴力をふるう親や兄弟がいた場合、「私が言うことを聞いてあげて、何とかこの状況を収めないと」という心境になりやすいので、注意してください。そこには、過去の自分ができなかったことをクリアしたいという思いがあるのかもしれません。そうした自分の気持ちに気づいて整理していくと、暴力をふるう人とは関わらないようになっていき、幸せな結婚をする人もたくさんいます。

また、ひどく罵倒《ばとう》し、そのあとでその女性をほめたり、必死にすがってくるような男性は、モラハラ気質です。これも、健全な家族で育った人々であれば関係を疑問に思い、深入りしません。しかし、そういった罵倒する人に慣れていると、いいときの愛情を理由に離れられなくなります。

なかには、サディスト気質の人もいたりします。そういった人は、社交的ではあっても、仕事で厳しかったり、ある特定の人に対して厳しいことを言ったりと、人に対して辛辣《しんらつ》な思いを持っていたりします。そして、彼女に対してもからかうような言動をします。それが気にならない程度ならいいのですが、度を越さないかは観察をしておくといいでしょう。

お金の管理がしっかりできていない場合も、考える必要があります。ときどき弁護士になるためなどのしっかりした目標を持ち、お互いに結婚してからもその目標達成のために頑張れるカップルもいます。奥さんが働いて家計を支え、ご主人が弁護士になったというケースや、医師を目指しているお2人が結婚され、苦労をしながら子育てをして、晴れて2人とも医師になったというケースもあります。そういった将来の設計を立てて、一緒になることは可能です。

ただし、それはその人が今までも目標を達成していた場合に限ります。いつも夢ばかり見てうまくいかないとしょっちゅう仕事を変える、目標があってもほかの人のせいにして動かない、といった人は、目標を達成できるかどうか見極める必要があります。

何か問題があるとき人のせいにする人は、全部の問題をあなたのせいにしてきます。そうした傾向は、「あれ、ちょっと変だな」とふと感じることがあるはずです。「彼に変わってもらわないと一緒にいられないけれど、結婚したら変わるはず」と思ってはいけません。絶対に変わらないからです。

また、自分が謝りすぎる人は、自分を謝らせる人とくっついてしまうことがあります。「私はダメな人だから、叱られたら私が悪いの」と思ってしまう癖を直し、自分自身の価値をもう一度感じ取れるようにしてください。「謝って物事を収める」のではなく、本当に悪

LESSON 3
恋のはじまりのルールズ

いと思ったところは謝り、「ここはあなたはこう思っているけれど、私はこうなの」と冷静に伝えられるようになりましょう。

マッチングアプリで多くの女性に会っている人も、要注意です。なかには結婚してもやめない人もいます。嫌なことがあったり、結婚生活がマンネリ化したり、パートナーの妊娠中にまた気軽な出会いを求めてしまうこともあります。

スマホをずっといじっている人も、注意が必要です。些細《ささい》なことと思われるかもしれませんが、スマホ中毒になると、仕事がだんだんできなくなったり、家庭生活が乱れることもあるからです。これはあなた自身も気をつけてください。

束縛ばかりして、すぐキレる人も問題です。確かに、男性は好きな女性にはそばにいてほしいと思うものです。また、好きな女性がほかの男性の話をすると、不機嫌になります。それは全然悪くありません。あなたを好きなのですから、焼きもち自体は悪くないのです。しかし、行動を制限してあなたの自由をまったく認めないようであれば、大変なことになります。

たとえば、家のなかが少し整理できていなかったり、近所の人と話していただけで、夫にブチ切れられたという女性がいました。男性は年収の高い、とても立派なご職業でしたが、「自分を愛していないからそんなことをするのだ」と怒ったのです。結局その女性は、1人のほうがいいと言って別れました。

また、「結婚をするつもりはないから」という言葉が出てきたら、少し注意が必要です。前にも話したように、男性は大事な人に対してはとても慎重になります。しかし、正直すぎて余計なことを言うこともあります。もし、「あなたとは結婚をしないよ」みたいなことを言ったとしたら「次!」です。その人はあなたを結婚相手とは思っていません。男性が結婚についてポロッと漏らす言葉には、意外に真実が含まれているからです。

「次!」というのは素晴らしい概念です。ルールズガールズに忍耐がないから、次に行くわけではないのです。ルールズは相手に対してというよりも、自分自身の行動に対して責任を持っていきます。決めるのは、相手ではなくあなたなのです。

一緒にいて幸せではない人と、我慢してつきあう必要はありません。相手を怒らせないようにと張り付いていると、その恐れに支配されてしまいますが、明るい希望に満たされていると、その希望が必ず良い未来を連れてきます。

〝ダメンズ〟は「次!」です。ここで紹介したような男性は、どんなに好きでも、何年後

LESSON 3
恋のはじまりのルールズ

かには嫌いになることがほとんどです。

ダメンズとつきあっていて、その人から離れられないまま、気がつくと10年も経っていた、ということも少なくありません。それではあまりにも時間がもったいないではありませんか。

LESSON 4

彼との関係をもう一歩進めるヒント

4回めのデートからは、少しずつ親密になっていきます。でも、この段階こそあせりを見せないことが大切になってきます。

次のステップに進むためには、女性が積極的にふるまうのではなく、「彼がそうしたくなる」流れをつくっていくのがルールズなのです。

親しくなっても、ルールズを忘れないで

4回めのデート以降も、ルールズの基本を守ってください。いつも約束が直前だったり、そういう誘い方ばかりであれば、次に行くべきと私たちは伝えています。

さて、彼とだんだん親しくなってきて、女性は自分の心情を話したくなるかもしれません。しかしこのとき、子どものときにつらかったことや、彼に頼りたいことばかり話してしまうと、彼のほうはだんだんその女性に対して関心を失っていくので注意が必要です。デートのときにそういう話を聞かされると、彼は「重たい」と感じてしまいます。でも彼女が好きだから、「話を聞いてあげなきゃ」と義務感で話を聞いているのです。

また、男性にとっては、結婚というのは一大決心みたいなところがあります。

女性にとっては、結婚は夢かもしれませんし、一緒に楽しいことをしたり助け合ったりするなど、いいことばかりと思っているかもしれません。そういったあこがれは、男性も

LESSON 4
彼との関係をもう一歩進めるヒント

たくさんあるとしても、同時に責任を負っていくという面が多くありますから、いろいろと考えてしまうのです。

そのため、経験を積んできた男性ほど、なかなか結婚を決意しにくい傾向があります。そして、おつきあいしている女性が、心理的な支えがないといろいろなことが決められないと感じると、「この先、若干大変だろうな」と予測をして、心のなかで結婚へのハードルが上がってしまいます。

さらに、男性は、自分にとって価値がある女性とおつきあいをしたいと思っています。そして、その女性に「暇な人」という印象を持つと、とても退屈に映ります。男性は社会性が高いので、たとえ直前のデートに応じて自分を優先してくれていても、自分が好きなこと、やりたいことはないのかな、と感じます。

そう思われないために、あなたは「恋愛以外にもいろいろしたいことがある」ということを見せていってください。必ずしも仕事が充実している必要はなく、趣味や家事など「自分にはやることがある」程度でかまいません。

婚約、そして結婚の前までも、ルールズは守ってください。それが一番の結婚への近道だと、私たちは知っているからです。

結婚や結婚を想像させる話はNGです

ルールズでは、「結婚の要望を強く出さない」というのがポイントです。「結婚したくてルールズをしているのに？」と思われるかもしれませんが、ここにも男性の心理が関係しています。

もちろん、あなたは彼女なのですし、イベントや2人の予定など、この先のことを楽しく話すのはいいことです。ですが、「もう彼女なんだから距離を詰めていこう」とか、「彼女だから結婚に向けて押していかなきゃ」という態度でいると、男性は顔には出さなくても、少しずつおよび腰になっていきます。つまり追いかける気をなくします。

たとえば、彼の家を自分の家のように使ったり、結婚話を進めるために彼の両親に会おうとすると、男性はどんどん前向きではなくなっていきます。また、彼からは結婚の話やそんなそぶりも出ていないのに、そこに行くと結婚ができるというパワースポットに行っ

LESSON 4
彼との関係をもう一歩進めるヒント

てみたり、エンゲージリングのお店や教会など結婚を想像させる場所に連れていくことが重なると、もう追いかける気持ちではなくなります。

そうやって自ら結婚の話をしすぎてしまった女性たちは、相手が同じ気持ちではないとしつこくなり、結婚や2人の将来について、ますます話すようになります。これがまた相手を疲弊させます。

つきあってそれほど経っていない頃に結婚の話をしてしまうと、男性が結婚に慎重になり、かえって時間がかかることがあります。男性が結婚をしたくなるときというのは、きっかけは何であれ、男性自身が結婚しようと思ったときなのです。

ホルモン的にも医学的にも、恋愛感情は最初の2年だけだという説があります。最初の2年で恋愛感情をしっかりと高めて結婚したら、恋愛から深い愛情に変わっていきます。ルールズを使えば、それもスムーズです。「この人が大好きだ」という思いがあるからこそ、彼女を手放さずに家庭生活を維持しようとする気持ちが強くなるためです。

彼のほうから言い出さない限りは、結婚の話はしないようにしましょう。もし、2年経っても結婚話が出ないのであれば、そのときに使える方法をこの章の最後にご紹介します。この方法は効果絶大です。

男性は面白いもので、「もう手に入った」と思うと、相手に対して雑になります。でも、男性に「彼女は自立していて魅力的だし、一緒にいたいな」という気持ちがあれば、すんなりと結婚を決意しやすくなります。

女性たちには、「結婚の話をしないと、男性は都合よく考えるのでは？」という不安があるかもしれません。でも、そのとき重要なのは「言葉」ではなくて「態度」です。

「私と結婚してくれるよね？」と常日頃聞いている女性でも、だまされる人がいます。逆に、直前の誘いには乗らないし、体だけの関係を求めるならすっぱり別れると決めている女性だと、その女性が好きな男性は、去られるのが怖いのできちんと扱わざるを得ません。

もし、結婚を前提としてお見合いなどで出会っていても、あせっている印象を与えるのはよくありません。相手が持ち出した話題に答えつつ、彼のことをなんでも知ろうと質問攻めにしないようにしましょう。71ページで紹介したダメンズに該当しないかもチェックしながら、上手に進めていってください。

LESSON 4
彼との関係をもう一歩進めるヒント

「彼の気持ち」を知ろうとしすぎないで

彼のほうに気持ちがあるのかわからなくなってしまったとき、女性のほうが心配して聞き続けていると、逆に2人の関係が悪くなってしまうことがあります。

そんなときには、彼の気持ちとあなたの気持ちがすれ違っているのかもしれません。言葉で確かめようとすればするほどわからなくなって、もっと心配になったりもします。話し合ったことで納得がいって、「違う部分はここなんだな」と気がつければいいですし、聞いたことで「もう無理なんだな」と思えば、すっきり別れて前に進めることもあります。

でも、意地になって知ろうとすればするほど、相手はそっとしておいてほしがり、「重たい」と思うようになります。男性は、今聞かれても困ること、今聞いても望んだような返事ができないこと、考えがまとまっていないことを聞かれると、どうしていいのかわからなくなり、相手を避けたくなったりします。

そこでルールズでは、面倒な話し合いは避けるようにすすめています。相手の気持ちを過度に知ろう、過度に変えようとしたところで、うまくはいかないからです。

たとえば、彼が言った言葉が気になるとします。すると、「私を好きなんだろうか」「それはどういう意味なんだろうか」「何か裏があるのではないか」というように、それについて確かめたくなるかもしれません。

しかし、ルールズでは、ルールズ以外の事柄はできるだけ放っておきます。「ちょっと怪しいな」と思ったら、それは気に留めておきます。でも、聞いたところで彼の気持ちが変わるわけではないので、追及しないようにするのです。

具体的には、ルールズでは、ラインでもメールでも、「これってこういう意味?」「それって私に関心がないっていうこと?」などとは聞きません。たとえば、相手が「この日は会えないな」と言うのであれば、「そう、お仕事頑張ってね」でいいのです。彼があなたを好きであれば、次の日程を言ってくるはずです。

そして、そういったことを気にしない人ほど、相手は気楽に次の連絡をしようという気になります。自立した生活をしている女性ほど、男性は追いかけたくなるものだからです。ルールズを使えば、自然とそうなっていきます。

LESSON 4
彼との関係をもう一歩進めるヒント

そのうちにルールズを守っていると、「本当に大切にされている」と感じるときが訪れます。そのように「大事にされている」「関心を持たれている」「愛されている」と思うことがあるなら問題ありません。「何か気になる」ということはそのまま放っておけば、いずれ「こういうことか」とわかるときが来るでしょう。

気になっていることを彼に聞くくらいならば、友人に話すほうがいいでしょう。私たちも「不安な思いは彼にぶつけないで、私たちに話して」と言っています。

相手の気持ちを探れば探るほどやめられなくなり、結局は相手次第の生き方になります。つまり、相手が自分を安心させる言葉を言ってくれるまで、気持ちが不安定になるのです。

しかし、「ここらへんで探るのはやめておこう」「ルールズをしていれば、うまくいくものはうまくいくから」と切り分けられる癖をつけていけば、相手次第で常にアップダウンを繰り返す恋愛依存的な傾向を変えていくことができます。

要は、「話してくれないと、事実を知らないと、自分が安心できない」ということがあるなら、それは本当に話したほうがいいのか、それとも気にせず放っておくほうがいいのか、前に進めていきながら様子を見て、ダメであれば「次！」という決断をする強さが必要だということです。

今は全然変えられなくてもかまいません。彼の言葉が気になって仕方がないという人は、なかなかその癖を変えられないでしょう。

けれども、方向性を変えて行けば、あなたの人生は変わっていきます。「こういう方向に行きたいな」と思っていた事柄は、いつの間にか実現します。反対に「こうしないと私はダメだ」ととらわれていると、ずっと同じ問題で悩まされる人生になります。

常に「相手の状況を知らないと不安」という気持ちに突き動かされていくと、ほかの人たちに対してもしつこくなります。対象が、彼から友人や子どもに代わるだけの話です。のんびりと構え、変えられるところは変えて、放っておけるところは放っておく余裕を持ちましょう。そのような人を、男性も大事にしたいと思うのです。

LESSON 4
彼との関係をもう一歩進めるヒント

メールやラインが少ないと不満を口にしたくなったら

恋愛でよく心配になるのが、メールやラインなどの連絡が少なくなることです。

男性のなかには、女性とあまり会話をする機会がないので、自分から話を振るより女性に話を合わせるようにしている人もいます。あるいは姉や妹がいて、女性とのコミュニケーションに慣れている人もいます。

でも、一般的な男性は、忙しいときには連絡を取らないこともあるし、大事な用件が伝わっていれば問題ないと考えるため、おつきあいをしていくうちにチャットなどの回数が減るのはよくあることです。

そのときの女性の慌てようと言ったら、世界がひっくり返ったようです。「なぜ連絡して来ないの？」「連絡が来ないのは、怒っているから？」「何かあったのではないかと心配」といった具合です。

メールやラインの頻度や方法は、やりとりしていくうちに、だんだん2人のルールができ上がっていくでしょう。相手のこともよくわかってきますから、多少連絡がなくても心配ないと思えるようになります。

ルールズでは、「連絡が少なくても心配しないように」と伝えています。心配してしつこく連絡してしまうと、かえって恋愛をダメにしてしまうことにもなりかねません。

むしろ、ルールズでは、チャットで何時間もずっと話し続けてはいけないとしています。そんなことをしていたら、いずれ相手に飽きられてしまうからです。ときどき楽しく話をするとしても、短めに適当なところで終わりにしてください。

そもそも、男性はチャットなどの会話で関係を続けるよりも、会うからこそ愛情が深まります。ですから大事なのは、彼が会おうとしてくるかどうかです。

男性にとっては、ラインやチャット、メールなどは、デートに誘う道具だと思ってください。ときどき彼に会えているのであれば、その機会を大事にしましょう。メールが来ないときには自分がすべきことをやり、恋愛以外のことを楽しむようにしてください。

ラインなどのチャットで、長い文章を書く人は気をつけてください。男性が書いてくる

LESSON 4
彼との関係をもう一歩進めるヒント

長さよりも常に文章が長いとしたら、丁寧という見方もありますが、いろいろなことを気にしすぎな人という印象も与えます。

あなたが常に会話をし続けようとしていて、最初にチャットを送っている、最後もあなたがチャットを締めているのであれば、もっと早めにチャットを終わりにしていいのです。「おやすみなさい」と言われたなら、スタンプで返してもいいですし、あなたが返さなくてもいいのです。

訓練のために、グループでしているチャットやラインなどで、文章が長すぎないか見直してみてください。自分がみんなにお礼をし、みんなに返事をしていると、相手にもそうしてもらうのが当たり前だと思ってしまうかもしれません。

男性に対しては、用件がしっかり伝わっていればよく、返ってくるすべての質問に丁寧に返さなければと思う必要はありません。

また、絵文字などはあまり入れすぎないようにしましょう。男性のなかには絵文字が多すぎる女性に対して、あまり良い印象を持たない人たちもいます。

もし、あなたのほうから話しかけないと反応がない、デートに誘わない、早く会話が終わる、しかもスタンプが多いのであれば、その男性はあなたを好きではないのかもしれません。

くれぐれも「なんでもっと連絡してくれないの?」などと伝えてはいけません。彼が必要なことは連絡しているつもりだと思っている場合、かえって重たい印象を持たれてしまいます。

でも、あなたとデートをしているのであれば、あなたのことが好きであれば、彼はおつきあいを続けていこうとするでしょう。あせらずのんびりと、彼からの連絡を待ちましょう。

LESSON 4
彼との関係をもう一歩進めるヒント

結婚の決意を促す〝奥の手〟をお教えします

日本の結婚相談所では、おつきあいして3カ月で結婚を決めるところがあると聞きました。それは長年の知恵であり、熱が冷めないうちに結婚して、そののちに親しみを深めながら違いに対する対応を学んでいく、ということなのでしょう。

ルールズでも、情熱的に愛される時期を大事にするので、やはりダラダラとおつきあいすることをすすめていません。せっかく好きでも、3年以上つきあってしまうと二の足を踏むようになり、結婚への踏ん切りがつかなくなってしまったり、馴れ合いになっていて、彼女の大切さがわからなくなってしまうからです。

ルールズでは、「次！」ということを勧めているとお話ししてきましたが、2年から3年おつきあいして相手が結婚を決めないときにも、「次！」を考えなければなりません。

このときに使うのが、「連絡中断」という方法です。連絡中断は、彼の態度が曖昧《あいまい》になってきた、いい加減になってきた、おつきあいに情熱を感じなくなってきた、おつきあいが長くなり結婚について聞いたけれども煮え切らない、といったときに使う方法です。

男性はおつきあいをしている人との関係に胡坐《あぐら》をかいてしまうと、その女性が大事かどうかわからなくなるときがあります。でも、その女性を失う可能性があると、途端に大事だったことに気がつくこともよくあります。そんな危機感があっても彼女を選ばないのであれば、その男性は彼女と結婚する気はないのです。

連絡中断の方法は、まず、「あなたはどういうつもりで、私とおつきあいしているの?」などと聞いてください。そこから煮え切らなければ、「私はこの関係がわからなくなったので、少し距離を置こうと思うの」「自分の将来のために、少し考えようと思うの」と伝えます。今まで結婚のことを伝えていなかったからこそ、そして自分の意思を明確に行動に移せるあなただからこそ、この言葉はとても効きます。

「もうそろそろ将来のことを考えないとならないから、曖昧なままではおつきあいできないの」などのひと言を伝えて、そこから一切の連絡を絶ちます。

通常、ルールズをきちんとしていた場合、これをすると面白いほど男性は結婚を決意します。成功例は枚挙にいとまがありません。

LESSON 4
彼との関係をもう一歩進めるヒント

ある女性は、彼と4年もおつきあいしてきましたが、彼がだんだんいい加減になってきたことに気づきました。彼女が私たちにコンサルティングを頼んできたときには、もうルールズどころではない状態でした。彼に呼び出されればいつでも会いに行き、土曜日のデートはたまにしかありません。彼はいつの間にか、彼女よりも趣味を優先するようになっていたのです。

「結婚？　一緒にいるんだし、あせらなくていいよ」と彼は言いました。私たちが連絡中断の説明をすると、彼女は青ざめて「絶対にやりたくない」と言ったのでした。

私たちがこの4年という年月でも望みがあると思ったのは、2人の最初の頃のおつきあいは、まさにルールズ的だったからです。彼が彼女を好きになり、追いかけてはじまった関係でした。

でも、このままでは彼の熱は冷める一方だし、そうすると彼女は結婚についてますます口に出すようになる、鬱陶《うっとう》しくなった彼が去っていく——というストーリーがもう見えている状態でした。そこで彼女は連絡中断を決意しました。

最初に「このままでは一緒にいられないから、先のことを考えたい」と彼に言ったとき、彼は何日か様子を見ていました。おそらく、すぐに自分のもとに帰ってくると考えていたのでしょう。男性は彼女が自分のもとに帰ってくると思っている場合、すぐには動きません。今までの経験から「大丈夫だ。自分のもとを離れるはずがない」と思っているのです。

私たちは、電話がかかろうがメールが来ようが、彼が結婚をする決意がなさそうなら折り返したり返信したりしないように言いました。そして、結婚のことを言わない限り、よりを戻してはならない、もうその時期ではないのだから、と伝えました。

彼からの最初の電話は、「元気?」というメッセージのみでした。彼女はそれにほだされそうになりましたが、私たちの言葉、結婚を申し込まなければもう会う必要はない、という言葉を守っていました。

2カ月ほど経ったあと、彼女の固い決意がわかった彼は、彼女の家のドアの前に立って帰りを待っていて、結婚を申し込んだのです。

このような話はたくさんあります。もちろん、ルールズを守って2、3年がもっとも効果的ですが、長い間女性が言うことを聞いてきてしまった関係でも、彼女が本気で去ろうとすると引き留めることはよくあります。日本のルールズの読者の方々も結婚され、嬉し

LESSON 4
彼との関係をもう一歩進めるヒント

い報告がたくさん届いています。

この連絡中断はとてもきつい方法ではあるのですが、彼の気持ちを見極めることができます。通常、私たちは、「3カ月だけ待って。それでも結婚を言い出さなければ、次へ行くことを覚悟して」と伝えています。それが結論だからです。

どうして結婚を言い出さないとダメなのかというと、もしなあなあになって寂しさから関係を再開したら、今ある問題が続いたまま、その関係がおかしな方向に進むだけだからです。何年か経っても結婚しない可能性が高く、たとえ結婚しても、彼は自分が好きかどうかわからないという気持ちを持ち続けてしまうこともあります。

2人の関係性がうまくいっていなくて、いつまでも結婚を言い出しそうにないのであれば、一度連絡中断を考えてみてください。

なお、長くつきあっているけれど、どうしてもここまではしたくない場合は、いろいろなものの数を減らすのも有効です。

ルールズを守り、水曜日までに連絡がなければ土曜日のデートは断ることを徹底する、急なお誘いには忙しくて会えないと言う、デートは短めにして、ずっと一緒にいたがらない、メールなどの連絡を減らしたり短くする、などです。これだけでも彼が情熱的になることがあります。

彼を試すというよりも、自分を大事にすると考えてみてください。これは駆け引きではなく、自分を幸せにするための選択です。駆け引きとは、「相手次第」で態度が変わることです。一方、自分を幸せにするための選択は、「自分が幸せになるために、どういう選択をするか」と自ら選ぶことなのです。

ルールズは「忙しい女性でありなさい」「自分の未来に責任を持ちましょう」とすすめています。これまで恋愛中心であった人にとっては慣れない考え方かもしれませんが、それを真似することで、自分を大切にして、男性から情熱的に愛される女性に変わるのです。

LESSON 5

ベストカップルになるために

ここからは、おつきあいを続けるなかで起こりがちな問題の解決方法を考えていきます。

実はルールズでは、必死に問題解決しようとする立場をとりません。たんたんとおつきあいしながら、この先も彼と一緒にいられるかどうか、ルールズを守ることで彼がどうなっていくかを見ていくのです。

具体的にその方法をお話ししていきましょう。

彼に変わってほしいところがあるとき

彼を変えようとしてはいません。なぜなら無理だからです。

怖いのは、「変えたい、変えたい」と必死になっているときほど、その人に執着をして「この人さえいれば幸せ」と思ってしまいがちなことです。そして、彼を変えたいというイライラが、深い愛情によるものだと錯覚してしまいます。その結果、あなたの干渉にうんざりした彼が、距離を置きたいと言ってくることにもなりかねません。

何か問題があっても、彼を変えようとしないでください。それよりも、その問題があっても、あなたがやっていけるかどうかの見極めのほうが大事です。

まずは、その問題は本当に重大なことなのか、その問題は誰もが絶対に変えなくてはいけないのか、それとも恋愛の場面だから期待をしすぎてしまうのか、といったことを考えてみましょう。

LESSON 5
ベストカップルになるために

たとえば、彼がだらしない、潔癖症、時間に遅れる、趣味が違う……といった問題があり、それでもあなたを大事にしてくれる姿勢が見えるのであれば、その問題はたいしたことはありません。

メールの数が少ない、連絡が少ない、それでもデートをしているのであれば、彼中心にならない日常生活が大事になります。音楽を聴いたりドラマを観たりするのを習慣にすると、それほど気にならなくなります。少し自分のものの見方を変えて、彼のことは放っておくことがポイントです。

神経質な彼が家に来て掃除をはじめたなら、「あら、ありがとう」程度でいいのです。「私がダメだと言われているみたいだから、やめてくれる?」と言っても、彼はどうしても気になるでしょう。でも、彼があなたが掃除をしないことで罵倒するのなら、これは問題になります。こういった優しくない彼と一緒にいたいでしょうか?

あるいは、彼がいつも時間に遅れるので、すごくイライラするから早めに来てほしいというのなら、自分が5分遅れて行くようにしてもよいのです。しかし、彼が常にドタキャンするのなら、次の人に行くべきです。

彼を変えようとすることは無意味ですが、かといって自分がいつも責められる状態はルールズではありません。

どうしても我慢できない問題であれば、次の人を探してほしいのですが、ほかの人と一緒にいても同様の問題が出てくるとしたら、あなた自身がいろいろなことにイライラしてしまい、人と一緒にいられないのかもしれません。つまり、彼の問題ではなく自分の問題ではないか、と振り返ってみてほしいのです。

たとえば、「嘘つき」と怒られ続けて育った女性がいて、彼女はつきあう人すべてが「嘘つきだ」と言うようになっていました。でもよく聞くと、ある日の午後、彼が仕事で忙しくて疲れて寝ていたのを報告しなかったことを、「嘘をついた」と言っていたのです。

これは行きすぎです。自分のトラウマから判断すると、全員がダメなことになります。暴力をふるわれていた人も、単なるからかいと威圧的な人の区別がつきにくかったりします。みんながそうだと考えてしまいがちですが、その現象を決めつけずに、「この人はこういう事情でこういう判断をしただけ」と考えるようにしてみてください。

「自分は自分、人は人」という姿勢を身につける必要がある人もいるでしょう。「それは自分が受け流せる程度なのか」「相手のほうがやりすぎなのではないか」を見分けられるようになるということです。

LESSON 5
ベストカップルになるために

これは我慢するということではありません。それぞれの個性が違うから絶対に同じにはならない、それでも一緒にいたいのか、と考えることです。そして、彼が夫としてとても良い人になりそうであれば、その人は合格です。

また、相手を変えようとするのではなく、そのときどきに小さく頼んでみるという方法もあります。できなくていいのです。けれども、大事なことは見落とさないように。あなたにとって無理な場合は次に行きましょう。

ルールズ流・2人の関係を壊さない断り方

彼が、あなたがしたくないことを要求したり、あなたに無理を言ってくるなら、「それはしないの、ごめんなさい」と返してかまいません。

日本の女性たちは、「彼が家に遊びに来るんだけど、いつも夕方に急に来てしまって、それが嫌なんだけどわかってくれないの」みたいなものの言い方をします。「自分が嫌だからしないで」ではなく、このような「嫌だという気持ちを話したから、相手に変わってほしい」という姿勢が問題を引き起こすのです。

たとえば、その日に来てほしくないとき、「今週は忙しくて、部屋の掃除ができていなくて」「疲れていて、何のおかまいもできないから」といった遠まわしな伝え方をします。すると男性に「僕は部屋が片づいてなくても全然気にしないから」「何もしなくてもいいように食べ物をテイクアウトしてくるから」などと押し切られてしまう。そして、「彼は自分の

LESSON 5
ベストカップルになるために

気持ちをわかってくれない」「彼はいつもこんな感じだから、自分が我慢するしかない」と考えてしまいます。

このような伝え方は、恋人だけでなく、別の人に対しても出てくることがあります。たとえば、あるグループから「ここに行きませんか」と誘われたとき。無理なら「その日は行けません。不参加でお願いします」だけでいいのに、「こんな事情ですみません。皆さんに迷惑をかけて申し訳ないです」といったように、ずっと理由を話し続けてしまいます。

ルールズでは自分の都合が悪い場合、「ごめんなさい。残念ですがその日は予定があります」でいいのです。そのほうが、ほかの人も自分のややこしい理由につきあわせず、予定を立てやすいので助かるでしょう。

先の彼への回答としては、「ごめんなさい。急に来られると私には都合がよくないから、今日は会えないの」と伝えてください。彼がもし、「大丈夫だよ、俺、夕ご飯を買っていくからさ」と言ったところで、気が進まないのであれば、「ありがとう。でも今日は無理なの」でかまいません。そうすれば対等な関係となり、あとあと彼を嫌いになるようなことはありません。

熟年離婚では、男性に従いすぎた女性たちが夫を嫌いになって別れるケースが多くあります。でも、男性に言わせれば、「どうしてそのとき嫌だって言ってくれなかったんだ。我慢を積み重ねて、自分のことを嫌いになってほしくなかったのに」と思うことでしょう。

これはルールズ全般に言えることです。「私はこんなに大変なの。だからそれを察してくれない？」という遠まわしな話し方は、依存的な関係を招いてしまうのです。

「これはする」「これはしない」ということを、きちんと優しく伝えている人をお手本にしてみてください。そのようにさわやかに話せるようになると、相手ととても良い関係が築けますし、信頼されるでしょう。

ここまで、断り方のポイントについてお話ししてきましたが、そもそもルールズをしていれば、このような問題は起きてこないはずなのです。というのは、ルールズでは心理的な部分に深入りをしないように、と言っているからです。

ルールズをしていると、断る場面も増えてくるかもしれません。「相手の機嫌をとるためにすぐ答えないと。嫌われないようにしないと」という姿勢を変えていかなければならない場面も出てくると思います。

LESSON 5
ベストカップルになるために

とある日本人女性も、そのような話し方しかできない人でした。断ることが怖くて、自分の意思を伝えられないのです。彼女は相手の提案を受け入れないとダメだと信じていました。

そのため、彼女の結婚生活は悲惨でした。従順だった彼女は、「どうしてこんなに苦しんでいるのにわかってくれないんだろう」とイライラして夫にあたります。子どもにもあたります。でも、自分から「こういうことをする」「これはやらない」とは言えないのです。言ったところで、「誰も私をサポートしてくれないから、できないんだわ」と自分から動くことをあきらめていました。

結局、彼女は離婚しました。夫が暴君なような気がして、我慢ができなくなったからです。そのとき彼女は30代後半で、数年後に新しい出会いがありました。

ルールズを知った彼女は、今度は相手に自分の意思を伝えていこうと決意しました。そうしてこれまでとはやり方を変えていくなかで、今まで自分がどれほどほかの人の意見を聞きすぎていたか、断ることに罪悪感を覚えてそれを避けていたかがわかりました。

彼女は試行錯誤を繰り返しながら、デートをしているときにも無理なことは少しずつ断われるようになっていきました。自分の意思も伝えられるようになりました。すると彼女は、それまで自分の言うことを全然聞いてもらえていないと思っていたけれど、自分の意思を伝えると、相手もそれを尊重してくれることに気づいたのです。彼女がはじめて自分の心の底から愛を感じた瞬間でした。

相手に依存していると、愛されていると感じても、いずれ相手が自分をわかってくれないという不満を抱くようになります。それがわかったことで、彼女は今度は幸せな結婚をすることができたのです。

欠点を指摘されたとき、男性が感じていること

誰しも、相手の欠点をわざと指摘するようなことはないとは思うのですが、女性は知らず知らずのうちに、男性が欠点と思っているようなことを指摘してしまう場合があります。
男性は、あまり道を聞かないと言われています。それは、自分が1人で解決していく問題だと考えているからです。

また、男性同士はそれほど恋愛の相談をしません。「今のお相手が感じていること」などを占いに来る数が男女であまりに違うのも、両者の違いを表しています。女性は相手の気持ちを知りたいと思い、男性は具体的にどうしたらいいかを知りたいのです。

同時に、男性は「自分で考えて自分で決めたい」という傾向があります。そのため、「道を案内してほしい」と言われたらしてもいいのですが、済んでしまった事柄、たとえばあとで「あっちの道のほうがよかったよね」となどと言うことは、避けたほうが無難です。

アドバイスを求められていない以上、何も言わないでおきましょう。

無理に共感しようとしても、「なんだかカウンセリングされているみたいだ」と不愉快に感じる男性もいます。「これ、こうじゃないの？」「ほら、それって間違っているよ」「こっちのほうがいいんじゃないの？」「悩んでいるなら、何でも話して」といった言葉は、女性同士よりも響かなかったりします。言われた男性は「ありがとう」とは返しますし、話をすることもありますが、注意が必要です。

男性のなかには、注意されたことで心に小さなわだかまりができる人もいます。女性同士であれば、「これはこうするといいよ」「そうか、ありがとう」みたいな会話のやりとりで信頼関係が築けても、男性同士だとそれは失礼にあたるのでしないのです。

そういった意味でも、男性には〝決める〟という部分でリーダーシップをとらせてください。男性のほうが、結婚や心理的な事柄の決定に時間がかかることがありますから、せかしてはいけません。また、時間がかからなくても、結論が出るまでその過程を話さないこともありますが、自分と意見が違っても、彼が話すまで待ちましょう。彼が話したがらない部分については、結論が出ていなくて1人で考えたいか、今は結論が出ない部分ですから、追及してはいけません。

LESSON 5
ベストカップルになるために

道の間違いや、どこかを訪れても案外楽しくなかったことなどについては、触れないようにして、２人でいることを楽しんでみてください。男性は、自分が失敗したことでも楽しんだり喜んでくれたりする女性を大事にします。

そうして、デートでしたいことや食べたいものなどを聞かれたら、そこは遠慮することなく自分の考えを伝えてください。

嫉妬してしまうのは相手ではなく自分の問題です

おつきあいしている男性が、ほかの女性たちに親しげに話しかけたり、ほめていたりするときには、どうしたらいいでしょうか。

ルールズでは、結婚前はとにかく「放っておく」が基本です。彼がルールズを守ってあなたを愛してくれているならば、たいていのことは、のほほんとしていたほうがうまくいくし、結婚後に幸せでいるための訓練にもなるのです。

本来、ルールズを続けていれば、あらゆる人たちはあなたの敵ではありません。たとえ誰かと親しく話をしたとしても、心のなかではあなたが大事なことを、彼自身が感じているからです。

一方、あなたがもし感情的になりやすく、嫉妬しすぎる場合には改善が必要です。たとえば、職場恋愛している彼が仕事で出かけたとき、別の女性も出かけると、「２人は一緒に

LESSON 5
ベストカップルになるために

いるんだ」などと思い込んでしまう――それが事実ではないとわかっても、何度でもそういった妄想にとらわれていきます。

ずっと疑い続けていると、だんだんわがままになっていきます。すると「嫉妬させるような行動をしないで」「ほかの女性と何かをするのは一切やめて」となりかねません。彼が電話をし忘れるといった些細なことでも、「ほかに好きな人がいるせいだ」と思い込んで激高することもあります。

このような思い込みがあると、相手は疲弊していきます。だって何をしていてもしていなくても疑われて、最後には大きなけんかになるからです。

そうならないためには、まずはあなたを大切にしてくれる男性を選ぶことです。同時に、小さなことを気にしない癖をつけましょう。そうでないと、ずっと嫉妬して妄想を抱き、常に彼に安心させるよう求め続けることになります。そうして長年嫉妬をし続けると、関係性は少しずつダメになってしまいます。

嫉妬が強い人々は、何らかの不安が根底にあります。日々の生活のなかでも、いろいろなことに不安を感じているかもしれません。人柄は穏やかなのに、恋愛になると嫉妬心が出てきてしまうのは、考え方の癖やトラウマが隠れている可能性もあります。ちゃんとデートもしているし、大事にしてくれているのがわかっていても、どんどん不安になって、嫉妬してしまう人たちもいます。自分が一番に愛されている証拠を見つけないと、と思っているのです。過去のことをぐちぐち言ったり、妄想が止められないのであれば、これはもう彼ではなくその人自身の問題です。

よくあるのは、前の彼が浮気をしていたり、父親が嘘をつく人だったりして疑い深くなり、常に相手を疑っては「浮気していない証拠を見せて」というようなケースです。これは、傷つけられた怒りを別の人に八つ当たりしているようなものです。彼に行動を変えてもらったり、何をしているか調べることでは、解消することはできません。

アメリカでは、カウンセラーによっては、この問題の整理のために2人で話し合うようすすめるのですが、私たちはそうは考えていません。先日も、嫉妬深すぎてけんかになり、カウンセリングで2人で話をするように言われた結果、ますますけんかになってしまった女性が相談に来ました。

彼女は、ベビーシッターは若い子が来るから雇わない、夫には女性の顧客を断ってほしいと言うなど、かなりの厳しさを見せていました。また、夫が仕事で会う女性たちが気に

LESSON 5
ベストカップルになるために

なり、家にこもって2人きりでいようとしすぎていました。

私たちはまず、苦しいときには夫に言わずに、私たちに気持ちをぶつけるように言いました。夫と話をすると、「嫉妬するのが苦しいから、私の要望を全部聞いて」となりがちです。これでは話し合いになりません。要望を聞いたところで次の要望が出て、相手に受け入れてもらえなくなると大爆発してしまいます。

本来の自分を取り戻さない限り、つまり、その嫉妬心を解消しない限り、疑っては調べ、悪いことがなければほっとする、また不安になって調べ、ほっとする……ということを繰り返すうちに、どうやっても疑いを消すのが無理なレベルになります。

まわりから見ておかしな状況だけれど、本人は「愛しているなら、これもそれもしてくれるはず」という偏った見方をするようになり、苦しい状態が続いていくのです。

私たちは彼女に、とにかく夫に気持ちをぶつけないようにさせました。それから勇気を出してベビーシッターを雇い、少し彼女に余裕を持つように、と言いました。その合間には、2人で出かけてロマンチックに過ごす夜をつくるように指示をしました。

そして、今までは夫がどこで何をしているかと常に疑い続けていましたが、それは見ない、考えないようにすること、夫の仕事の顧客の何名かは女性であり、仕事のミーティングに女性が含まれることもありましたが、とにかくほかの女性たちについて文句を言わないように伝えました。

また、楽しく時間を過ごせるように工夫することも、とても大事です。その1つとして、おしゃれをしてきれいになるようアドバイスしています。

すぐには「自分は愛されているから大丈夫」と信じられないとしても、「自分は幸せになる価値がある女性だ」と思うことが、彼女には必要だったのです。そのためには相手の行動を監視してあれこれ禁止するよりも、自分を立て直しながら、2人で楽しむ時間を増やし、居心地の良さを感じることのほうが効果的です。

彼女の夫は、もともとルールズで得た人でした。彼女が心地良く家を整えるようにしたところ、関係は徐々に改善していきました。最初はいろいろと渋っていた夫も、夜にミーティングで忙しいときには昼に電話をし、いろいろな場所にも連れ出してくれるようになりました。そしてときどき、「忙しくて一緒にいられなくて、今日はちょっと寂しかったよ」とまで彼女に言うようになったのです。

一度浮気をされたものの、もう一度彼とやり直したいと相談してきた女性もいました。実際には彼女も彼をかなりぞんざいに扱っていたのです。一緒にいて心地良いことは一切

LESSON 5
ベストカップルになるために

しておらず、けんかも多く、そのために起きた出来事でした。

私たちは、やはり嫉妬にからめとられないように、「2人で楽しいことをたくさんして、これまでのことは水に流しなさい」と、細かく指導しました。気持ちが不安定なときに、自分を幸せに見せていくことには、並々ならぬ努力が必要だったでしょう。このご夫婦はその後関係を修復し、今は結婚25年めに入り、とても幸せにしています。


こちらが嫉妬するような疑わしい問題があるときに、自分が不安定になるなら、心のなかを整理する必要があります。

心のなかの問題は、アルコールと同じです。この場合は疑い＝アルコールです。飲まないと不安になる、だから飲む、ということを繰り返していると、どんどん深みにはまっていきます。同じように、疑わしいことがあると不安になる、だから調べ続ける、ということを繰り返していくと、彼のことをすべて調べ上げないと気がすまなくなってしまいます。そんなことをしていたら、彼の心はどんどん離れていきます。

それよりも、きれいになること、楽しく過ごすことにエネルギーを注いでみてください。そうしてたいした問題がなければ、放っておきましょう。

彼に疑わしい行動があったら

では、彼の行動が本当に怪しいときには、どうすればいいでしょうか。

彼からのアプローチでおつきあいがはじまり、あなたと毎週会いたがり、プレゼントを贈り、デート中に知り合いから電話がかかってきても、こそこそすることがない――そんな彼なら、あなたは心配する必要はありません。

彼を疑ってもよいのは、守れていたルールズが守れなくなってきたときです。週末にデートをしなくなった、ドタキャンするようになったのであれば、ちょっと注意をしておきます。この段階では彼に聞く必要はありません。

男性がルールズを破るようになった、あるクライアントさんの話です。彼女は35歳、そろそろボーイフレンドがほしいと感じていたので、ルールズを思いっきり破っていました。

LESSON 5
ベストカップルになるために

ちょっとデートをしただけなのに、彼に「この先も一緒にいられたら楽しいよね」みたいな言葉をかけてしまったのです。それはあまりに早すぎます。それにあせりすぎでした。

彼は「いとこのパソコンが壊れて、修理をしてあげないとならない」などさまざまな理由で、だんだんデートを断るようになりました。デートも「仕事が忙しくて」と、早めに切り上げるようになったのです。

ちなみに男性は、好きな女性にはあまり「忙しい」とは言いません。「こういう用事があってこの日はこの時間に待ち合わせよう」とは言うけれど、「忙しい」と自分から言ってしまうと、相手が気を遣って会えなくなるからです。だから「忙しい」というのは、あまり会いたくなくなったときに言い出す言葉でもあります。

とにかく、全部が短くなっていきました。デートしても公園でサンドウィッチを食べる程度です。それは楽しいからというよりも、あまり一緒にいたくないのがバレバレな感じでした。

彼はそのうちに、「妹と一緒に住むんだ」と言いはじめました。そのため、今まで行けていた彼の家には行けなくなりました。この段階であれば、彼を疑ってよいのです。もう次へ行ってもいいし、事実の確認をしてもよいでしょう。

私たちは、「その彼は少しおかしな行動をしている」と彼女に伝えました。彼女はそこから、スマートフォンのメッセージのやりとりで、彼が元の彼女と元の奥さんの双方と会っていることに気がつき、家に行くと、さらにほかの女性と住んでいることがわかったのです。

こうなったときは「次!」です。

彼との関係を修復したいと思うかもしれませんが、それに時間をかけるよりも、次のお相手を見つけ、一からルールズで関係を築いていったほうが、恋愛も早く進むでしょう。

なかには、あなたに無理に嫉妬させようとする男性もいます。それがルールズを守れない彼なのであれば、何か問題があるかもしれません。そうした男性につきあっている暇はないのです。あなたは未来の自分のために、自分が一番幸せになる道を選択してください。

自分の秘密を打ち明けるタイミング

女性たちのなかには、あまり話したくない秘密を抱えている人もいるかもしれません。それは年齢や病気、離婚歴や子どもがいること、妊娠・出産に関することなど、さまざまです。

彼があなたを愛したときは、いろいろな事柄を受け入れやすくなります。彼の性格によっては、そうしたことを気にせずに受け入れてくれることが多いでしょう。ただ、そういった問題をいつ彼に打ち明けるか、そもそも打ち明けるべきなのかについては、慎重に考える必要があります。

たとえば、彼が子どもがほしいと思っている場合。もし、あなたに遺伝的な持病があれば、いずれそのことを伝えなければなりません。子どもを産めない可能性なども同様です。それを隠して結婚した場合、その事情を彼が受け入れてくれればいいのですが、嘘をつかれたと思ってしまう人もいるでしょう。

結婚生活に関係がある事柄は、どこかの時点で話をする必要があります。あなたにお子さんがいるなら、そのことも話さないとなりません。ただし、お子さんと会わせるのは、時期を見たほうがいいでしょう。

重要なことであればあるほど、彼があなたとおつきあいを続けるかどうかの根幹に関わってくるため、とても話しにくいとは思います。ですが、彼があなたをとても愛してくれているのであれば、たいていのことは受け入れてくれます。

いずれにしろ、自分の人生をあなた自身が丸ごと受け入れて、そのなかで幸せになる方法を探していかないと、どこかで歯車が狂ってしまいます。嘘をついて隠してばかりはいられません。

伝える際の注意点としては、感情的にならず、事実だけをたんたんと話すことです。体に傷があるといったことは、自然とわかっていくでしょう。聞かれたら、「こういうことがあって」と重くならないように話します。

大げさにすることなく、さらっと話すことが重要です。要点だけを話してみてください。彼に何か質問されたら、正直に自分がその問題についてどう感じているのか、この先どう

LESSON 5
ベストカップルになるために

したいのかを答えていきましょう。

その秘密が心のなかの問題である場合はどうでしょう？　そのようなときには、誠意を持って話すことだけが、必ずしもよいこととは限りません。その彼が受け入れようと頑張っても苦しんでしまうような事柄は、「自分が話したいから話す」という考えで打ち明けないほうがよいでしょう。

たとえば、過去にほかの男性からひどいＤＶを受けていた、といったことは、わざわざ話す必要はありません。

話をするのは、自分を全部を受け入れてほしいからなのかもしれません。しかし、彼に話してしまったことで、彼がその人を許せずに苦しんでしまうこともあります。

あなたがよいおつきあいをして、彼をきちんと守っていくのであれば、自分の胸にしまって彼を大事にしてあげるというのも、１つの考え方です。彼の様子を見ていれば、何かを抱え込みすぎる性格なのか、あるいは秘密のないオープンな関係性を望むのか、といったこともわかってきます。そうした彼の性格を理解したうえで、秘密を打ち明けるかどうかを判断するのが賢明です。

過去の性的な事柄について彼に伝えてしまったがために、とても彼が苦しみ、結局は別れてしまったというケースもあります。彼女のことが大好きで、彼自身も彼女の過去を受け入れたはずなのに、会うたびにそのことを思い出して、一緒にいられなくなってしまったのです。

このように、知らないほうがよかった、ということもあります。あなたのなかで、完全に過去の問題の処理が終わっていて、彼を幸せにできるのであれば、あえてふせておくという選択肢もあるでしょう。

第2部

RULES ADVANCED

【応用編】

LESSON 6

恋の悩みを乗り越えるルールズ

ここからは応用編です。

おつきあいが進むなかで、旅行話が出たり、遠距離恋愛になったりするなど、さまざまなことが起こってくるでしょう。そんなときはどうやって乗り越えていけばいいのでしょうか。

男性心理も踏まえつつ、ルールズ流の解説策を伝授していきます。

おつきあい中の旅行は意外に難しいのです

恋愛を急がず、男性にリードをとってもらい、常に居心地の良い女性でいること――このようなルールズガールズは、少し古い女性像に映るかもしれませんね。それでいて、恋愛中心にならずに、自分の時間をしっかり持てる女性。そのような女性であれば、男性は追いかけるという本来の性質を発揮して情熱的になるし、女性を守りたいと思い、男性の良い面を見せてくれます。

さて、旅行についても、私たちは古い考え方を持っています。極論を言えば、結婚前は旅行に行く必要がないとさえ思っているのです。なぜなら、女性は結婚するまで、「この人を自分のものにしたい。一緒に生きていきたい」と思ってもらえることが大切だからです。

近年では、結婚前に旅行することが一般的になりつつあります。しかし、親しくなればなるほど結婚後に問題がなくなるわけではなく、2人でべったり過ごしていても、問題が

LESSON 6
恋の悩みを乗り越えるルールズ

起きたり離婚に至ることもあります。それよりも慎重に歩みを進めて、お互いを大事にして結婚したほうが、一緒に楽しい時間を過ごしながらいろいろなことを乗り越え、いい夫婦関係を築くことができるのです。

特に長い旅行については、慎重に判断してください。私たちは「長い旅行をしようよ」と彼から言われた女性に、「忙しいからそんなに長くは時間をとれないの」と説明をしてもらって、旅行を制限してもらうことさえあります。そのほうが結婚への近道になるからです。

それでも長い旅行に行きたいというなら、必ずおつきあいをしているという確証を得てからにしてください。

たとえば「私たちって、つきあっているよね」と聞いたときに、「そんなこと言う必要がない関係だよね」「つきあうとかつきあわないとか、もうこんなに仲がいいんだからいいじゃん」という場合、男性はその人とおつきあいをしているとは思っていません。ごまかしたいけれど、嫌われたくもないのです。

そもそも、そのようなことを言う男性は、ルールズは守れていないことが多いでしょう。そしてそういった関係で長く旅行に行ってしまうと、新鮮味が失われ、２人の関係が退屈に感じられるようになっていきます。

もちろん、楽しいこともしたいでしょうから、おつきあいをしてから、週末に一泊二日程度の旅行に行くのはよいでしょう。ただ、1週間以上の旅行は、ハネムーンにとっておいたほうが感動も増しますし、大事なイベントにもなります。

長く一緒にいることで気が抜けてしまい、奥さんでもないのに奥さんのようにふるまってしまうというデメリットもあります。その結果、結婚前に関係性を損ねるようなことになったら大変です。

ベタベタと甘い旅行をしていると、そのときは確かに楽しいのです。けれども徐々に、彼のあなたに対する関心が下がることもあります。すると、「どうして?」としつこく聞いてしまったり、「ねえ、私たち、これから……」と将来のことを話したくなって、かえって墓穴を掘ってしまいます。

また、「彼がいないと何もできない」という印象を与えてしまうと、都合がよい女性、チャレンジしがいのない女性と思われかねません。

自分で行きたいところは、友人や家族、あるいは1人で、どんどん行ってみてください。さらに1人旅をしていたら、ほかの恋愛のチャンスまで生まれるかもしれません。その恋

LESSON 6
恋の悩みを乗り越えるルールズ

愛であなたが輝いて、彼がますます惚れ直すなんてことがあれば、最高ではないでしょうか。

遠距離恋愛を乗り越えた女性たちがやっていたこと

遠距離恋愛のような難易度の高い場合でも、ルールズは素晴らしい効果を発揮します。はじめから遠距離になるとわかっている人とのおつきあいなら、あまり深入りをしないことが鉄則になります。出会ってからすぐに関係を持ってしまうと、そのときいくら情熱的に思えても、あとが続かなくなります。遠距離だと、「どうしても最初のうちに関係をつくっておかなきゃ」と思うからこその失敗です。

遠距離同士で知り合って会うことになった場合、だらだら一緒にいないようにしましょう。旅行先で出会った人が遠くにいる人だから、と縁をつなごうと思っても逆効果です。最初に「ずっと一緒にいよう」と言われたからといって、必ずその人があなたとつきあうかはわかりません。つきあわないとしたら、恋人がいたり奥さんがいたりして、一時的に誘っただけのこともあります。

LESSON 6
恋の悩みを乗り越えるルールズ

たとえば、婚活アプリで遠方の人と知り合って遠距離恋愛になり、相手がこちらに来てくれない場合、その恋愛は進めないのがルールズです。というのは、遠距離恋愛では、男性はただ楽しくセックスができる相手としてとらえていることも多々あるからです。

もし、彼があなたを情熱的に誘ってくるとしても、ネットで出会っている場合は注意が必要です。なぜなら呼び出したいのですから。「大好きだ」などと言って呼びつけるわりには、全然こちらに来る様子もありません。行ったところで、情熱的なセックスのあとは続きがありません。インターネット・セックスをしたがることもあります。相手はそれほど関心がなかったのに、すぐに関係を持ってしまった過ちです。

なかにはネットで知り合って結婚することもありますが、その場合、相手がこちらに来てくれるなど、「言葉」の愛情だけではなく、「行動」で示してくれるものです。

いろいろな理由をつけたところで、あちらに恋人がいることもあるし、ただ楽しくてSNSをしているだけのこともあります。そもそも、結婚をしたくなるほど好きな相手で、ネットだけではなく本当につきあっているとしたら、きちんと会うというプロセスが欠かせません。それは生活につながるものだからです。旅行してどこかで落ち合うのはありだとしても、一方的に「来てくれ」というのとは違うものなのです。

遠距離で彼女のほうがいつも彼を訪ねていた方で、彼女は彼を恋人と思っていたけれど、実際にはほかの女性たちとも交際していたという例もあります。情熱的に語るので、彼女も彼を信じたのですが、常に行くのは彼女のほう。それはとても不自然なことなのです。

また、おつきあいをはじめてから、仕事や学校の都合で引っ越すことになり、遠距離になることもあります。その際にはデートの形式が変わるので、悩むこともあるでしょう。

今まで順調にルールズを続けてきた関係であるならば、そのままこのいい状態を続けていきたいところです。今はZOOMなどビデオ通話の手段もありますが、リアルで会う日を楽しみにして、オンラインであまり会いすぎることがないようにしましょう。週に1、2回、ビデオ通話をするなど楽しんでください。遠距離恋愛なら、オンラインで話をするのは、少し長めにしてもいいでしょう。

ただし、せっかく今までルールズをしてきたのに、毎日ネットで話をしていて、いつも一緒に行動しているみたいだと、オンラインでは楽しいのに、会ってみると退屈になってしまうこともあります。基本的には、会うときをデートと考えましょう。

そして、あなたばかりが相手のほうに行くことがないようにしてください。彼が何度か

LESSON 6
恋の悩みを乗り越えるルールズ

来てくれて、何回かに一度、あなたが会いに行くのはよいでしょう。

遠距離恋愛の良い点は、ルールズがやりやすくなることです。「遠いからこそ会いたい」と相手が思うようになれば成功ですし、遠いからこそ冷静にルールズができて、男性もその女性をより知りたいと思うようになるメリットもあります。

遠距離の場合、最初から真剣におつきあいをしているカップルでも、2人の間に時間と距離という壁が立ちはだかります。その愛情が続くかどうかは、彼女が彼のもとにどれだけ行くかどうかは関係なく、彼がどれほど彼女を好きか、その気持ちが続くのかが試されるのです。

困難を乗り越えて結婚したことで、関係性がより強固になることもあります。ルールズでは、遠距離恋愛で2年間も彼女に会えずにいたのに、彼女を思い続けた男性もいます。彼は彼女のことが大好きで、「その人以外は考えられない」と言っていたのです。

時間と距離という試練をともに乗り越え、2人の関係を築いていってください。

同棲のデメリットを知っていますか？

ルールズでは、同棲はやめるようにと言っています。ルールズの相談に来た人が同棲をすると言ったら、私たちは真剣に止めます。例外となるのは、結婚式の日取りが決まっているときのみです。結婚式よりも早めに一緒に住むことはあるからです。

「同棲すると体の相性も確かめられるし、2人が合うかどうかも確かめられる」と言ってくるのは、同棲すると便利だからという言い訳に過ぎません。

断る理由を言うときには、簡潔でかまいません。「私は、同棲はあまり賛成できないの。ごめんなさい」くらいのほうが、追いかけたいという男性の気持ちに火をつけます。その意味でも、女性たちは長々と心情を伝える必要はないのです。

もし、男性がその女性と結婚したくない場合には、一緒に住んでもその気持ちは変わりません。それどころか、もし同棲をしてダメになったら、もう取りつく島もなくなります。

LESSON 6
恋の悩みを乗り越えるルールズ

なぜなら、ロマンチックではない部分も、たくさん知ってしまっているからです。愛があり、それが育ち、情熱的になって結婚の決意をし、相手を一生支えていこうと思って一緒になることと、同棲は違うのです。化粧をしないで家のなかを歩き回っているし、使った歯ブラシ、汚れたお風呂などを見てしまうと、関係がダメになったときに、もう取り戻すすべがありません。

結婚の決意をさせるのは、相手との距離を詰めることではありません。ルールズを守るか連絡中断など、逆に距離をとる方法です。そしてこれは、もし彼があなたを好きではない場合、そのことがわかってしまう方法でもあるのです。

逆に、彼が結婚を決意しないという理由で、彼に「じゃあ同棲からはじめてみましょうよ」と説得をした女性がいます。これは最も悪手です。「結婚」を決められていない彼が、「同棲」をして結婚を決められるはずがないからです。女性のほうは一緒に住めば彼を取り逃がしたくなくなり、そんな彼女に彼はますます魅力を感じなくなります。

さて、そのカップルですが、彼は「同棲なら」と同意をしました。結果はどうなったかと言えば、彼は相変わらず自分中心で、彼女に時間を合わせようとする部分がまったく見られません。「僕のことは干渉しないでくれ」という始末です。どこへ行くのも自分のことしか考えておらず、一緒に出掛けたくもなくなったようです。そうですよね、一緒に住んでいるのですから。

でも彼女は、「一緒にいたら、絶対に好きになってくれる」と思っていたのです。ところが彼は、生活費が浮くとしか思っていませんでした。

だんだん2人の間にけんかが増えていきました。彼女がもっと大事にしてほしいと言えば言うほど、彼は面倒くさく感じました。そうなると、彼女も意地になって話をします。最後には、彼は出ていってほしいと言い出すようになり、彼女はもう無理だと悟り、別れました。彼はまったく引き留めませんでした。

彼女がルールズに相談に来たときに、私たちは、「もう二度と同棲をしようとは思わないように」と伝えました。

一方で、同棲を提案されて断った女性もいました。彼女が引っ越す予定があり、彼が「一緒に住もう」と言い出したのです。私たちはやはり、「絶対に同棲しないで」と彼女に伝えました。一緒にいたいならば、結婚する以外にはないと思わせる必要があるからです。

LESSON 6
恋の悩みを乗り越えるルールズ

彼女には、「1人で暮らすのが楽しくて仕方がない」という雰囲気でいるよう指示しました。このような姿勢が大事なのです。結婚をしたらムダになるからという理由で買うのを我慢しているものがあるなら、それを買ってもいいのです。結婚を考えて物事を決めずに、自分1人の決定を大切にしましょう。彼女は引っ越すとき、仕事に便利だからという理由で、あえて彼とは少し離れた家を借りたくらいです。

かといって、会話のなかで「私はあなたがいなくても平気なの」なんて言うのは効果がないし、そういった強気になっていう言葉は、実は気を引きたいだけなのです。言葉が行動と一致していなければ意味がありません。わざわざ言うということは、彼女の彼への関心の高さを表してしまっています。それをしなかった彼女の行動は効果絶大でした。

彼は、彼女を自分のそばに置いておくには、結婚するしかないことを悟りました。その同棲話が出てから半年かかりましたが、彼はようやく彼女にプロポーズしました。

とにかく同棲はやめてください。同棲して結婚をした人たちもいるにはいるでしょう。でも同棲をしたからこそ壊れる場合が多いし、同棲をするよりも、しないで結婚をしたほうが流れがスムーズだということを、私たちは確信を持って言えます。

既婚男性、離婚歴がある男性を好きになってしまったら

結婚している男性とのおつきあい、いわゆる不倫を私たちはすすめません。というのは、そもそも離婚するつもりさえない場合もあるからです。奥さんの悪口を言っていたところで、実際にはそれほど仲が悪くなくて、ちょっと嫌なだけということもありえます。

そういった男性は、女性側が結婚を考えるようになると、距離をとります。「今は会えない」「忙しい」「君にはもっといい人がいる」といったことを言うこともあります。

「君にはもっといい人がいる」というのは、たいてい「僕はあなたと結婚したくない」「けれども嫌われたくない」「自分は悪者になりたくないから、君から別れてくれないか」というときの言葉です。

また、男性が「結婚しない」と言ったら、この言葉に嘘はありません。そのため、既婚男性が「結婚しない」と言いながらおつきあいをしているとしたら、ずっと結婚をしない

LESSON 6
恋の悩みを乗り越えるルールズ

ままになります。そんな言葉が出るような人とつきあっていても、傷つくのはおつきあいをしている女性自身です。

家庭の問題を抱えているときには、逃げ出したいがために1人の女性に情熱的になることがあります。しかし、「いずれ結婚するから」と言っていても、奥さんにバレたとたんに態度が豹変《ひょうへん》することもあります。

彼が真剣に離婚を考えていたのならば、離婚してからのおつきあいにしてください。それなら、きちんとルールズが続けられます。

離婚歴がある男性については、ごく普通におつきあいをしてください。ただし、暴力や怒りすぎる傾向がないか、よく観察をしておきます。

離婚の理由はだんだんわかってくると思うのですが、本人が話すのは、離婚した相手方が話すのとは違う事情であることが多いものです。つまり、事情だけではなくて、その方の人柄を見ることが重要です。

もちろん、離婚をしたあとだからこそ学習していて、とても良いカップルになることもよくあります。ですが、離婚の理由が彼によるものであれば、それは注意が必要です。彼にとって都合のよい部分だけ話しているかもしれません。

何度も離婚歴があるようであれば、その男性に何か問題がある可能性があります。というのは、通常1回離婚していれば、「こういう人とは合わない」とか「自分のこういう傾向は直さないといけない」など、彼自身がそこから何かを学んでいるはずだからです。

でも何度も繰り返すのであれば、嫌になったらほかの女性に逃げるとか、自分は正しくて相手が間違っていると責めたりする傾向があるのかもしれません。今は恋愛中で優しくても、常に人を責めているような男性は、いずれ全部をあなたのせいにしてくることも考えられます。あなたにだけ特別に優しくなるとは考えないほうがいいでしょう。

また、お金にだらしない、仕事をしないなどの傾向がないかも見ておきます。アルコールを飲むと人が変わるのも危険です。

繰り返しになりますが、優しさは「言葉」に表れるものではなく、「態度」に表れます。相手の男性が優しいから、好きな気持ちをなくすのが怖いからと、自分の幸せを犠牲にしないような賢明さを持つことが大事です。あなたの大事な人生の時間を、今後誰のため、何のために使うのかを、しっかりと考えていきましょう。

LESSON 6
恋の悩みを乗り越えるルールズ

親との同居話が持ち上がったらどうする？

日本特有の問題として、親との同居があります。愛する人のご両親ですから、相手の両親とも良好な関係を保つことは、もちろん大切です。

けれども、彼が親と一緒に暮らすということを考えているのならば、彼のご両親がどんな価値観を持っているのか、それによって問題が生じてしまわないかを調べておく必要があります。

彼はあなたの意見を聞ける人でしょうか。それとも両親の意見に飲み込まれてしまいそうですか。彼が結婚したらご両親と住むという考えを持っている場合、あなたは一生彼についていくことはできるでしょうか？

一番よくないのは、「この人しかいないから仕方ない」と自分を大事にせずに選択してしまうことです。するとうまくいかなかったとき、「相手が悪い。同居なんてするんじゃなかった。私は不幸だ」と思ってしまうのです。このような考え方は、無意識のうちに自分の親の影響を受けている可能性があります。考え方の癖を変えていくのは容易ではありませんが、相手に自分の思いをきちんと伝え、問題の解決を図らなければならないときもあるでしょう。

同居することで、お相手のご両親ととてもうまくいっているケースがあるとも聞きますし、なかなか難しいケースもあると聞いています。しかし、どんなに良いご両親でも、家のなかで別々に分けている部分がないと、相当ストレスがたまることが考えられます。台所を分ける、フロアを分ける、あるいは同居ではなく近居にするといった選択肢もあるかもしれません。

結婚は一生の問題ですから、お相手のご両親の個性や自分との相性をよく考えて決断しましょう。

彼があなたの両親と同居するというパターンもあるでしょう。その場合に大事なのは、「親には彼のことを悪く言わない」「親よりも彼のことを選ぶ」の2点です。

自分の両親に夫の悪口を言うと、親御さんの彼への評価が下がりますし、親御さんを優先すると、彼との信頼関係が崩れてしまいます。離婚するレベルの困った問題がないのであれば、ご自身の親を大事にしつつ、夫のことを第一に考えてください。

あなたが夫を大事にすれば、夫もあなたのご両親を大事にしてくれるでしょう。

男性が「しばらく距離を置きたい」というときの胸の内

彼から「しばらく距離を置きたい」と言われたら、ルールズではどうするか？　私たちは「もう次に行ってください」と伝えています。

もしかすると、あなたは少し距離を詰めすぎたのかもしれません。でもそれ以前に、彼の気持ちが冷めてしまっているのです。もともとがルールズ的ではなく、無理してつきあってしまったということもあるかもしれません。

確かに、男性は問題を抱え込むと、1人で考えたくなるときがあります。心理学博士のジョン・グレイ氏は、それを「ゴムバンド理論」と呼んでいます。男性はときどき女性に近寄っては離れ、仕事や趣味に没頭して自分を取り戻し、また女性に戻るということですね。

その女性を大事に思っている場合は、長きにわたって距離を置きたいわけではありませ

LESSON 6
恋の悩みを乗り越えるルールズ

ん。男性たちは単にうまくいっていないときに、そのことについて話したがらないだけです。

しかし、「距離を置きたい」と口に出した場合は、何か問題が起きているのです。「あなたのことが好きではなくなった」と言うよりも、距離を置いたまま自然消滅したり、相手から別れを切り出してくれたほうがいいと思っていることもあります。

彼を待つのであれば、2、3カ月など、期限を決めたほうがよいでしょう。とりあえず、「距離を置きたい」という彼を、そっとしておいてください。

男性は、距離を置いた女性、あるいは別れた女性が、劇的にきれいになったり、生き生きと暮らしていると、またその女性に関心を持ちはじめることもあります。それは何があったか聞いたり、深刻な話し合いをするよりも、ずっと効果的だったりします。

彼が距離を置きたくなった理由が、2人の関係性を問いただしたからならば、ますます時間をかけたほうがいいでしょう。男性にとって、一緒にいられないときにその理由を聞かれたりするほど、気持ちが落ちてしまうことはありません。そういった何かを聞きすぎたことが原因かもしれません。

彼には時間が必要なのです。同時にあなたも、彼にしがみつかない生き方を学ぶ必要があります。

とにかくきれいになって、今までの印象を変えていってください。そして3カ月経ったら、ほかの人たちとも出会っていきましょう。

不安なのはとてもよくわかります。苦しいのもわかるし、占いや何かに頼りたい時期なのもわかります。友だちに泣きつきたいかもしれません。

でも、この苦しさを抜けられるときが必ずやって来ます。「この経験をしてよかったな」と思えたり、すっきり彼を忘れて思い出さない日が来ることでしょう。

彼に気持ちがあれば、エネルギーを補充して帰ってきます。あなたはあなたで、好きなことをしてエネルギーを補充していってください。

LESSON 6
恋の悩みを乗り越えるルールズ

別れた彼との復縁にはちょっとしたコツが必要です

「最初はルールズ通りだったのに、破ったために大事にされなくなってしまった」「彼に放っておかれたとき、距離を置くどころか必死にすがってしまって、ダメになってしまった」

このように、別れた彼のことを引きずっている人のなかには、ルールズを知った今、ルールズを使えば彼との関係が修復できるのではないか、と考える人がいるかもしれませんね。

日本では、男性はパソコンで言えば「名前を付けて保存」、女性は「上書き保存」ということが言われているそうですね。そうです！ この「上書き保存」同様、女性はルールズで幸せになると、昔の不幸なんて消え去ってしまうのです。今好きな人ができれば、過去の人はどうでもよくなるというのが女性です。

男性は「名前を付けて保存」のため、今恋人がいないと(時には恋人がいても)、昔の恋人だった人たちに連絡したりします。それは必ずしも恋愛感情があるわけではなくて、前の彼女やちょっと知り合った人たちと、単に連絡をとります。そのため、別れた彼から連絡が来たとしても、ルールズにのっとって慎重に対応していってください。こちらが熱心になっても、相手がその気になってくれないということもあるからです。

このような男性の行動は、女性たちにはなかなか理解できません。「連絡が来たんだから私のことを好きなはずなのに、なぜ動きがないんだろう?」と考え込まないようにしてください。

さて、ルールズでは復縁についてどのように考えているかというと、「上書き保存」の女性たちは、新しい人を探して幸せになってほしいのです。

それでも復縁したいのなら、以下のようなことを試してみてください。

まずは、「元気?」程度の軽い言葉をどこかに残します。一番よいのは、留守電のメッセージや、ラインなどにひと言のみ残すことです。話し込まないということがポイントです。

そこからは返事を待ちます。返事があったとしても喜んではいけません。それは単に礼

LESSON 6
恋の悩みを乗り越えるルールズ

儀だからかもしれないのです。女性は連絡が来ただけで、もともとつきあっていたからと、なれなれしくなったり、よりが戻せると思ってしまいがちです。しかし、男性側は「なぜ、急に連絡が来たんだろう?」とまだ警戒心が解けていませんから、ここで突っ込んでは元も子もありません。

たわいのない話が返ってきたら、短く返すのみにします。なぜ連絡して来たのかと聞かれたら、「どうしているのかな、と思って」などと返します。なれなれしくしないで、知り合いに話すような、気持ちのよい会話にとどめてください。親しげに名前を呼んだり、以前と同じノリで話すのもやめましょう。ときどきはメールを既読だけですませてください。

女性はけんかをしていたら謝りたがるのですが、「こんなでごめんなさい。こうしてああして、だからやり直しましょう」といったところで、かえって逆効果です。それは本当に謝っているのではなくて、よりを戻したいがために反省をしている姿に見えています。

相手の気持ちの整理がついていない時期にこれをやってしまうと、警戒心が生まれます。別れたときに男性が一番嫌なのは、よりを戻そうと言われることです。つまり、自分は期待に応えたくないし、重たくなるのは嫌なのです。

一時的な怒りの感情で彼が別れを切り出したのならまだしも、深く考えて別れを切り出した場合は気持ちが切り替わっているので、なれなれしくされると疲れてしまいます。彼は、以前おつきあいをしていたときとは違う距離感でいることを忘れてはなりません。

最悪なのは、「私が悪かった」と泣きつき、何度も復縁を迫っている場合。相手はかなり警戒心が強くなっています。さらに、その女性の評価も下がってしまっています。彼の愛情を取り戻そうと、昔のよかったときの話をするのも早すぎます。そんなことをしたら、彼はますます腰が引けてしまいます。

復縁の場面でも、「最初の印象をよくする」という視覚優位の法則は働きます。彼に働きかけるよりも、あなた自身が美しくなったほうが、効率がいいのです。SNS上でもつながっていたとしたら、あなたを見ているかもしれません。彼から声がかかることもあるでしょう。でもあなたから、復縁したいという雰囲気を出してはいけません。

まずはルールズを守ってください。彼が会おうと言ったら、そこから会ってみます。話の内容は軽いものにしてください。複雑な話はNGです。ここでのポイントは、楽しい時間を過ごすことです。そして早めに帰りましょう。彼にしがみついていた時間が長いとしたら、印象を変えるのに相当の努力が必要です。

LESSON 6
恋の悩みを乗り越えるルールズ

あなたがもし本当に悪いと思っているとしたら、2人の関係がよくなってから、「あのときには、こういうことが上手にできなかったな」という反省をきちんと伝えることができるでしょう。でもそれはだいぶ先の、ルールズを守ることで相手にもあなたと再びつきあいたい気持ちが出てきてからです。

いずれにしろ、今度は慎重にしましょう。どのルールズが守れなかったのか——相手が自分を好きではないのにしがみついていたのか、相手が自分を好きだったのに、なれなれしくしすぎてダメになったのか、相性が合わないのか、パートナーがいないのが不安で恋愛したいだけだったのか——自分の心が見えてくると思います。

ただ、けんかの原因については、自分なりに整理をしておいたほうがよいかもしれません。同じことが繰り返されるとしたら、その2人はそもそも相容れない部分を持っていることもあるからです。

彼から連絡が来て、そしてデートが何度か続くとしても、すぐに昔の関係に戻れたと思わないことも大切です。そのときに関係を持つと、体だけの関係になることがあります。すると、女性たちは「体の関係まで戻ってきたのに、なぜ彼は冷たいんだろう」と、とても寂しい思いをします。

そうなったら、私たちのアドバイスは「次！」です。今まで追いかけてしまってダメになってしまった関係の場合、正反対の印象を持ってもらわないとならないため、なかなか難易度の高い恋愛となるからです。

それに、あなたにもっと素敵な彼ができることが、彼があなたに一番未練を感じる方法でもあるのですから。

デートは引き続き、早めに帰るようにしましょう。そうして2、3度会ってデートが続くようならば、今度はきちんとルールズをしていってください。

もし1、2度のデートで連絡が来なくなったら？　それは、彼は今、あなたと復縁したいという気持ちではないのです。

だんだん関係が戻ってきたら、そのときにはじめて、「あのときはこういうことがうまくできなかった。ごめんなさい」という言葉が通じるようになるでしょう。

恋愛の場面では、時間がかかったり、自然と動かされてしまうこともあります。そういった心理を踏まえたうえで、取るべき行動が考えられているのがルールズなのです。

書くことで心を癒やすワーク

彼とのつらい思い出がなかなか消えないとき、おすすめなのは、今の自分の思いを書き出してみることです。そのときは、彼への恨みつらみを書くのではなく、「私はこういうことが悲しかった」「私はこういうことが嫌だった」といったように、彼ではなく自分を主語にして書くことです。

ここで、書くことで心を癒やすワークをご紹介しましょう。

メモを常に持ち歩き、「今つらい気持ちになった」「今寂しいと思った」など、寂しさや怒りが湧くたびに、心に浮かんだことを書きます。できれば、そのときの気持ちというよりも、「胸が締め付けられる」「頭のなかにものすごいマグマのようなものがある」といったように、どこに何を感じているのかを書き留めます。

そのうえで、体の心地良さを思いっきり味わってみてください。たとえば、思いっきり悲しい映画を観たあとに温かいお風呂に入る、悲しい失恋の曲を聴いたあとでいい香りのハンドクリームで手をマッサージするなどです。

「この感覚は、ブランコに乗っていて落ちる感覚に似ているな」など、まったく別のものにたとえることで、苦しいという気持ちが変わっていくこともあります。

ここでのポイントは、頭で考えるのではなく、体の感覚を利用するということ。そうして自分の気持ちと向き合っているうちに、「ああ、これってこういうことだったんだな」と腹落ちする瞬間が訪れます。この納得感が癒やしをもたらすのです。

さて、ルールズ的には、「思いっきり泣いたり、愚痴ったりしたら、1週間後には次の恋愛を探そう!」です。完璧に癒やされてからではなく、新しい出会いを望んで動いてみるというのも、ルールズ的には正しい行動です。動いていくことで自信を持てるようにもなっていきます。また、男性と関わることで、癒やされることもあるでしょう。

ルールズでは、彼と別れたあと、きれいさっぱり「もういいや」と明るく手放せるようになると、次の男性が早く現れるのはよくあることです。

そうして気づいたときには、あなたを愛する人が傍らに立っているはずです。

LESSON 7

ネットではじまった恋の上手な進め方

近年では、リアルで出会う以外に、インターネットを通じて知り合い、結婚に至る人も増えています。普段の生活圏では出会えない人と出会えるという点はいいのですが、ネットから得られる情報だけで相手を判断することになるため、そこにはリスクもあります。

この章では、ネットでの出会いを恋愛へと変えていくヒントをお伝えします。

ネットでの出会いだからこそ、注意したいこと

インターネットで出会いを探す人々も増えてきました。ルールズを学ぶ女性のなかにも、ネットで出会って結婚をする人が増えています。ネットの出会いにはいい点もあるのですが、気軽にできる分、注意も必要です。

まず、出会いだけを求めている、遊び目的の人もいることを覚えておいてください。ネットでは、その女性とつながるのがとても簡単です。ほめたり「好き」と言えば、うまくいくからです。

ネットで出会う男性のなかには、本気であなたとつきあう気のない人もいます。そういう男性には次のような特徴があります。

まず、土日に会えません。セックスをするとき以外に会えません。ときどきセックスなしでデートするとしても、やはり土日に会えません。セックスすること以外にお金を使い

LESSON 7
ネットではじまった恋の上手な進め方

たがりません。時間を非効率的なことに使うことは、本命の彼女にしかできないのが男性です。そのため、映画を見に行くとか、彼女の行きたいところに連れて行くようなこともありません。

メール以外の連絡先がわからなかったりしたらアウトです。このような場合は、ネットでは真剣につきあう人を探していないか、実際に彼女がいる可能性が高いです。あとから既婚者だとわかった例もあります。住んでいる住所が嘘だった男性もいました。

男性は基本的に、その女性が好きなら心配をかけないようにする心理が働きます。でも、困ったことに、あまり気のない女性に対しては、気軽にいろいろなことが言えてしまうのです。ネットでの出会いでは、多くの女性たちがこれに引っかかってしまいがちです。

そういった彼は、デートを重ねても、つきあっているのかどうか明確にしないし、かといって期待させるようなごまかし方をしたりして、嫌われないようにします。嫌われないようにする言葉は優しく響くので、この優しさは逃がしたくないけれども、不安もあり、ますます女性が男性に傾くとしたら、彼に主導権を握られてしまうかもしれません。これでは「逆ルールズ」です。

自分のことをとても好きそうなのに、奥さんがいたり彼女がいる場合、セックス依存の可能性もあります。そういった男性たちは、さまざまな女性に会っていたりします。セックス依存の人々にとってはネットは非常に有効なツールで、どうしたらセックスができるか、よく知っていたりします。こうした男性には特に注意してください。

ルールズをしていれば、その男性が自分を愛しているのかそうでないかが、だんだんわかるようになってきます。

ネットで出会った彼には、ときどきメールして、時には返さず、土日は忙しそうにしておいてください。ネットだけでやりとりし続けないようにしましょう。ときどきちゃんと時間を作って会ってくれるなら、それは男性があなたを好きな証拠です。

インターネットでは、「会うまでは現実に好きかどうかわからない」と思ってください。会っていない関係は、まだまだ〝幻想恋愛〟です。

確かに、ネットでの関係はラクですし、楽しいものです。しかし、会ってみたら全然あなたのタイプではない、ということは十分ありえます。それは男性側も同じです。理想的な相手だと思って情熱的になるのは、少し待つようにしてください。ましてや、会ってすぐに関係を持つのはもってのほかです。

ネットでのつきあいだと、3カ月までは本当にその女性が好きかどうかわからないと思

LESSON 7
ネットではじまった恋の上手な進め方

っておいてください。すぐに情熱が冷めることもありえます。インターネット・セックスにも応じてはいけません。中毒性があり、本当の恋愛ではないのに、男性が情熱的になると、愛されているという錯覚に陥っていく女性たちもいます。しかし、だんだん相手のことが嫌になったり、もっと大切にされたいという欲求を抱えたまま、不自然な関係になっていきます。その結果、あとあと泣くことになるのです。

ネットであるからこそ、実際に会えるときを大切にしましょう。

ネットで出会った彼とは、４回やりとりをして会うという話が出なければ、「次」に行ってください。回転を速くしていくことが、ネットであなたを大事にする人と出会うコツなのです。

出会いを加速させる写真選び、プロフィールの書き方

アジアの女性は、ときどき本当の自分と違いすぎる写真をネットに載せることがあるようですが、これは望ましいことではありません。もしお化粧の技術が高く、まったく違う人になれるとしたら、それはその人の生き方を表しているのかもしれませんが、少しだけ本来のあなたの要素は残しておいてください。そうでないと出会ったとたんにびっくりされます。あるアジアの男性は、「僕はジムで女性を探すんだけれど、それは化粧でごまかせないからね」と言っていました。

とはいえ、きれいであることに越したことはありません。

写真は感じのよいものにしましょう。大事なのは、「普通にきれいな写真」を出すということです。アプリで写真を過度に加工するのはやめてください。加工した写真はかわいく見えるかもしれませんが、皆同じ顔になるため、かえって加工がバレたりします。その人

LESSON 7
ネットではじまった恋の上手な進め方

そのものを好きになってくれる成熟した男性なら、スルーしてしまうこともあるでしょう。

興味深いことに、自分が好きな写真（たいていは加工して同じような顔になったもの）と、自然な顔（たいていは自分が嫌いな顔）だと、後者のほうを好きな人のほうが多いという結果があります。自分は顔だけを見てしまいますが、ほかの人は全体を見ているからです。自分が嫌だと思っているけれど、実はすごく自然体で、自信を持ってよい写真ということもあるのです。

マッチングアプリでは、それぞれのサイトで特徴があります。そこに集まっている人の傾向をよく見てみましょう。たとえそこに結婚を目指していると書かれていても、すぐに結婚の話をしてはなりません。それはおつきあいが進んでからにしてください。

というのは、知り合ってすぐ結婚の話を出す女性を、男性はだましやすいと思うことがあるからです。悪気がない場合でも、「この人は落としやすそうだな」と本能的に感じていたりします。

結婚相談所に登録するとしたら、担当の方にどのような写真がいいか聞いてみましょう。お見合い用のきちんとした写真のほかに、自然な様子、あなたらしい生き生きとした写真を掲載しているところもあると聞きました。あなたという人をよく知ってもらう、とてもいい方法だと思います。

また、あなたの写真を見て、どういう人がアプローチしてくるかもチェックしておくといいでしょう。「この写真だと、こういう真面目な人たちが来るんだな」といった傾向がわかることもあります。

プロフィールには、あなたのいいところを出していきましょう。「おつきあいをしたいです」とか「一緒に○○をしたいです」といった言葉を書かなくても、あなたの見た目を好きな人は声をかけてきます。そういった内容を書けば書くほど、圧を感じさせたり、「会って遊ぶだけならいいか」と考える人が来てしまいます。

書くとよいのは趣味などです。でも、最初はあまりこだわりの強い趣味は載せないでおきます。たとえば、犬を10頭も飼っているといったびっくりするような事柄であれば、あなたをわかってもらってから話したほうがよいでしょう。

ネットやお見合いといったものは、出会うまで忍耐が必要です。時には相手から断られ、傷つくこともあるでしょう。そんなときも気持ちを立て直し、絶対にいい人に出会えると信じることが大切です。

また、ネットでの出会いを探す一方で、ほかに出会いの機会があれば、どんどん出かけていってください。

ある40代の女性はネットで婚活していましたが、同年代の婚活パーティーに行き、最終的には、そこで知り合った男性と結婚しました。

出会いの方法を1つに限定する必要はありません。ネットには自分の写真を掲載しつつ、同時進行で別の出会いも進めていきましょう。

恋愛に見せかけた詐欺にご用心

ネットで注意をしなくてはいけないのは詐欺《さぎ》です。残念ながら、これは増えてきています。結婚目的の詐欺は「ロマンス詐欺」といわれていますが、最近では外国人や海外在住者を名乗ってアプローチしてくる「国際ロマンス詐欺」もあります。

詐欺師は、最初のうちはすごく熱心です。通常は彼らからアプローチをしてきます。そしてだんだんお金を借りては返し、それで信用されると、「あなたは大切な人だから頼みにくい」と言いつつ、困った話をしてあなたからお金を引き出そうとします。

でも、ちょっと考えてみてください。好きな人には、お金の話はしませんよね。お金を借りて返すのは、よくある詐欺師の手口です。一度お金を貸すと、返ってくると思いたいという心理と、次のお金を払わないとこの関係がダメになるという心理が働き、ズルズルとお金を貸し続けてしまいます。もし、貸してしまったとしたら、勇気を持って借金を断

LESSON 7
ネットではじまった恋の上手な進め方

ってください。

「2人が結婚するためには振り込みが必要だ」はあり得ません。「遺産相続のために、このお金を払わないと口座が凍結される」、「そんなことはありません。「今、あなたの国に来ているけれど、これを支払わないと空港から出られない」もあり得ないでしょう。「親戚がこんな困ったことになっている」と言われても、それは結婚をしたら助けてあげてください。

近年は、フェイスブックでほかの人になりすまし、話しかけてくる男性もいます。有名人や医師など、実在する人の写真や経歴を使っています。しかし、偽物のフェイスブックには、知人はほとんどいません。いたとしても、ネットでつながった人ばかりです。そしてあなたに「好きだ」と言い続けたり、詩を送ってきたり、なかには1年にわたり、毎晩やりとりして信用させていたケースもあります。

詳しい人によると、海外のある国に詐欺集団がいて、1人がダメだと次に別のメンバーが偽の経歴で話しかけてくるそうです。

芸能人のふりをしているケースもあり、その人のことを全部調べて、「今、映画の撮影をしている」などと本人と思わせるようなことを言ってきます。

彼らは電話もします。SNSでも話します。とにかく恋愛に熱心なふりをします。そんな大物の経歴を使ってだますのは信じられないでしょうけれども、話が大きくなればなるほど、人は詐欺師を信用してしまうのだそうです。

とりあえず、会うまでは相手を信用しないようにしてください。毎晩話をしてもビデオ通話でやりとりしていても、途中で連絡がとれなくなってしまうのなら、詐欺をしている可能性があります。

お金の話が出たらアウトに決まっています。これは皆わかっているのですが、何度も愛情深そうな話をしていると、信じてしまうのです。

お金のことを言い出したなら、すぐに去ってください。あるいは、ネットに詳しい人に相談をしてみてください。彼らの手口がすごいのは、時間と手間暇をかけていることです。それにだまされて、銀行の貯金を使い込んでしまう事件まである昨今です。そんなことで人生をムダにしてはいけません。

国際ロマンス詐欺に遭った女性でも、その後結婚できたケースはあります。

その女性は、アプリで声をかけてきた海外在住だという男性と、おつきあいをはじめていました。でも何かが不自然です。彼女に会いに行くというわりには来ませんし、そのうちにお金を要求してきました。当然、おつきあいをやめました。

彼女はやけになっていましたが、今度は国内で、ルールズを使ってリアルで会える男性を探し、晴れてゴールインしました。

恋愛で傷つくと、女性はもう未来がないと思ってしまいますが、そんなことはありません。夢から覚めたら、「次こそ幸せになろう」と決意をするだけでよいのです。

過去のことは忘れ、新しい一歩を踏み出してください。

ネットでの出会いは、会ってからが本当のスタートです

ある女性が、「ネットで好きな人ができたから、今の彼とは別れる」と言ってきました。しかし、私たちはまだ待つようにと言いました。というのは、彼とまだ〝会っていなかった〟からです。でも彼女は、彼が毎晩話をしてくれて、「ほかの人とはつきあわないでほしい」と言ったために、今の彼を振ってしまいました。

ところが実際には、その彼はつきあう気がなかったのです。彼女に「ほかの人とつきあわないでほしい」と言ったのは、そう言ったほうが彼女が自分を疑うことがなく、都合がよかったからでした。

オンラインでは、つきあっていなくても戯れることができます。やりとりするだけでとても楽しいため、現実を忘れてしまいます。すると、現実生活で大事なものを見落としてしまうこともあるのです。なぜなら、気が大きくなってしまうからです。

LESSON 7
ネットではじまった恋の上手な進め方

「今の彼なんていらないわ」なんて思うなら、それでかまいません。ふさわしくない彼については、「次!」でよいのです。ですが、いくら楽しくても新しい彼が情熱的でも、実際に会ったらどうなのかは、冷静に見極める必要があります。

ネットではじまった出会いは、会ってからが本物の関係です。ネットでやりとりしている段階では、いろいろなことを決めないようにしてください。

実際、会ってみたら、自分が思っていたのと全然違ったというケースもよくあります。ネットでは親切にするのも、あなたに共感を示すのも、とても簡単なことなのです。

ある女性は、ネットで外交官の男性と出会い、有頂天でした。彼女はルールズを守っていたため、彼の経歴を見てなびいてきた女性たちのなかで、特別な存在になりました。でも、1度のデートで体を許してしまい、あっという間にその関係は終わってしまったのです。

ルールズで慎重におつきあいを進めていくことを伝えているのは、実際の出会いでも、ネットでの出会いでも変わりません。ネットでの出会いだからと気を許さず、ルールを守っていくようにしてください。

LESSON 8

彼の本音を知る方法

「連絡して来ないのはどうして？」「彼は自分のことをどう思っているんだろう」

女性は彼のことが好きになればなるほど、相手の本心が知りたいと思い、時にはその思いを深読みしすぎて、かえって関係をこじらせてしまったりします。

この章では、女性が理解しにくい男性心理について、一緒に考えていきましょう。

男性の「好き」はこんなところに表れます

ルールズをしていて、彼があなたを好きになったらとる行動をお伝えしましょう。

つきあう前は、あなたと一緒にいる工夫をしようとします。また話しかけてきたり、共通の趣味を知ろうとします。からかってきたり、ほかの人とは明らかに態度が違うこともあります。

ただし、なかには、あなたからの好意を感じ、親しく話しかけたり、からかったりはするものの、恋愛にはなりたくないので冷たくする人もいます。この場合、自分にだけ態度が違うと思っても、ときどきつれない態度をとり、誘ってきません。たとえ女性が誘っても、2人きりになろうともしません。

「好き避け」という言葉もありますが、実際には、好きなら目が合えば照れてそらすなどの行動が若干あるだけで、女性が会おうとしているのに断ることはありません。そのよう

LESSON 8
彼の本音を知る方法

に恋愛が進まないときには、あなたに好きな気持ちがあっても、それに応えられない場合が多いでしょう。

それから、自分の好きな女性がほかの男性をほめると、「そんなのたいしたことないよ」と言ったりします。男性は競争心が強いため、そういった言葉が出てしまうのです。一方、特に好きではない女性がほかの男性をほめた場合は、心から素直にその男性をほめたりもします。

おつきあいをしていて、誕生日など大事なイベントでプレゼントをするときには、女性向けのものになります。つまりアクセサリーです。男性は、好きな女性には実用的なものは贈らないのです（そういったイベントとは別に、もちろんお土産や文具などのちょっとしたプレゼントをすることはあります）。

このため、ルールズでは、おつきあいをしているのに女性としてのプレゼントがないことは、重要なチェックポイントの1つで、場合によっては「次！」ということもあります。

大事な女性であれば、デートのときには時間をとってくれます。何かにつけて教えてくれたり、身につけているものをよく覚えてくれていたりします。どこで何をしているかを、意外なほど知っていたりもします。

好きな女性だと、ラインなどの既読無視はしません。ほかの人たちにはスタンプで返すところでも文章で返してきますし、仕事などで忙しくても、何らかのリアクションをしようとします。

グループラインなど皆で集まるところでは、好意があるのがバレるのは気恥ずかしいので、その女性だけに話しかけにくいところはありますが、個人的には関心を持って接してくれます。

相手があなたを大事に思っていると、あなたもそれを感じるはずです。あなたを好きであれば、いずれは誘ってくるでしょう。

彼が飽きてきたと思ったらすべきこと

おつきあいをしている男性の態度が変わってきたとしたら、彼の気持ちが冷めてきたのではないかと、とても心配になるでしょう。

男性の気持ちが冷めてしまう原因には、いくつか考えられます。

たとえば、最初から恋愛になっていなかったというケース。ネットなどで知り合っていると、最初は情熱的であっても、時間が経つと冷めてきてしまうことがあります。あるいは、女性から誘ってはじまった関係だけれども、彼にはそれほど関心がなかったということも考えられます。

そういった彼には、いくら親切そうに見えていても、ときどき気のない態度が表れていたことでしょう。時間のムダですから、「次！」というのが私たちからのアドバイスです。

ほかには、あなたがルールズ的に接していなかったことに、原因があることがあります。

最初の頃は情熱的だったのに、だんだんそうではなくなってきている、といったことはありませんか？　もしかしたらあなたは良かれと思って、いつも直前のデートの誘いに応じていたのかもしれません。

そのような場合、あなたが態度を変えてルールズ的に接するようになると、相手が急にきちんとしてきて、つきあいはじめの頃のような情熱的な彼に戻ることがあります。

ルールズでは、とにかくうまくいかないときには、「ルールズを厳しくする」か「次！」かの二択です。

この「次！」というのは、これまで1つ1つの恋愛を大切にしてきた方には、なかなか決心がつかないかもしれません。

でも、彼が飽きてしまっているなら、それはあなたが何らかの行動を起こすタイミングなのです。それによって、彼が再びあなたに関心を持ちはじめることもあります。

男女の会話のすれ違いが起こる理由

男性と女性は、会話の目的が違います。前にも少し触れましたが、女性同士は「気持ち」を理解するために会話しますが、男性は「情報」の交換のために会話します。

男女ともに、気持ちは大事なのですが、求めていることがまったく違います。たとえば男性同士であれば、悩みごとを相談したりしません。するとしても、解決方法を知りたいというのが先に立つため、「こんなに悲しい。つらい」と共感し合うような会話はしません。

男性のなかには、この男女の違いを理解している人がおり、女性の気持ちを聞いてくれる技術を持ち合わせている人も多くいます。しかし、男性が気持ちを聞く時間をとってくれなかったり、女性がそれに我慢ができなくなったりすると、すれ違いが起こってきます。

女性は、彼がいろいろな返事を返してくれないと、自分を嫌っているのではないかと不安になります。しかし男性は、もうそれについては答えているし、仕事で忙しくて少しの間連絡をしなかっただけですから、なぜそんなに不安になるかが理解できないのです。

また、男性には、考えがまとまるまでの間、話し合わずに待ったり、1人きりで考える時間を持ったりすることが必要です。

そういったときに女性は孤独になりやすく、せっかくよかった関係がこじれていくのもこのあたりからです。結婚後からこのような問題が現れる人もいます。


女性たちのなかには、「今まで我慢をしてきたことは、恋愛がうまくいけばすべて満たされるはず」というシンデレラのようなコンプレックスを抱いている人がいます。これはそのように教育をされてきたせいもあるかもしれません。

しかし、本当の愛情を育んでいくには、さまざまな違いを乗り越えていく段階も必要です。相手との違いを無視して、全部自分の希望や期待通りになることを望むのは難しいでしょう。

一見わかりにくいかもしれませんが、男性の愛情は、彼なりの方法であなたを支えているときにも表れています。話をしていなくても、どこかで気を遣ってくれてはいないでしょうか。好きなことをやっていても文句を言わないことは、女性にすると放っておかれて

LESSON 8
彼の本音を知る方法

いるような気分になりますが、男性にしたら愛情の証しであったりもするのです。

自分とは違う価値観でも、それを受け入れようとすることは、男性にとっては大変な努力が必要なのかもしれません。話をしないでいるのも、単に問題をこじらせたくないからだということもあります。あるいは、今は話をするタイミングではないと思っているからかもしれません。

おつきあいを続けていくうえでは、「2人には違いがあるけれど楽しく過ごそう」「話をして全部をわかってもらわなくても、彼の愛情はちゃんとあるから大丈夫」という考え方が大切になってきます。相手に対する期待があるがゆえに、その人に求めることが増えているのであれば、相手ではなく自分に意識を向けるようにしましょう。

男性は、自分が好きな女性が安定していると、ますます彼女を好きになります。

また、何かトラブルがあったときでも動揺しないでいると、そのときには言わなくても、その女性がいてくれることに安心感を持ち、その女性をより大切にするようになります。

愛は愛を呼ぶのです。

女性のほうに気持ちの余裕があると、彼も自分の話に耳を傾けようと努力していることに気がついたりもします。

2人の関係を長く続けていくためには、会話に関しては、時に不器用な男性たちを許す必要もあるのです。

別れにも男女の違いが表れます

新しい恋愛がなかなかはじめられないというときには、前の彼との別れが傷となって残っているのかもしれません。

女性は〝気持ち〟を大事にする傾向があります。だから別れるときにもきちんと理由を話してくれると、どんなに泣いても「彼は自分に向き合ってくれた」「人として扱われた」と気持ちとの折り合いがつき、納得しやすいのです。

ところが、男性は別れの際に、往々にしてきちんと説明してくれないことがあります。なぜかというと、男性は女性のように「たとえ泣いてでもお互いに話して気持ちをぶつけるのが、相手に誠意を示すことだ」とは考えないからです。

自分の思いを正直に話すことで女性が逆上し、かえって面倒な事態になるかもしれません。また、決定的な言葉を口にすることで、未来にある何らかの可能性を自らつぶすことを避けたいと考えている人もいるでしょう。

男性同士でも、相手への不満を本人に告げたら、大げんかになります。父親と息子がこんなことをしたら、何年もの間、口を利かないという状態だってありえます。

このようなことから、あえて別れの理由をきちんと説明しない場合があるのです。

しかし、そうなると、女性のほうは「人として向き合ってもらえなかった」という気持ちの〝消化不良〟状態をずっと引きずってしまいます。その結果、新しい恋になかなか積極的になれないまま、時間ばかりが過ぎていってしまうのです。

女性たちは、おつきあいにおいて、「愛がある関係は良い関係」「愛がない関係なら、自分には価値がない」と考える傾向があります。

でも、「私は愛されていない」「愛はここにない」と思うのは、もうやめてみませんか?

愛はあなたのまわりにたくさんあります。あなたを支えようとしてくれる人たちもいます。「ない」と思うのではなく、「ある」ということに気づいてください。

LESSON 9

ルールズでかなう幸せな結婚

ルールズはとても深く愛される法則です。そのため、出会いやおつきあいだけでなく、結婚後にも幸せでいられるヒントが詰まっています。

2人の間には強い絆ができているので、どんなトラブルが起きても、必ず乗り越えていくことができるでしょう。

「一緒にいて心地の良い女性」になりましょう

結婚後に大切なことは、一緒にいて常に心地の良い女性であることです。

結婚後に「彼が優しくなくなった」と女性たちが相談してくることがありますが、夫のほうは逆に「結婚してから、彼女が変わってしまった」と思っているケースもあります。

そういった場合、その女性は一緒にいて心地良くあろうとは思っていなくて、「こうしてくれないから心地良くない。こうしてほしい」と相手に求めすぎていることもあります。

結婚してしばらくすると、いろいろな生活面での違いが出てきます。あなたは専業主婦になりたいのに、彼は共働きでいてほしいと言うかもしれません。つけたいカーテンの趣味が違ったりすることもあるでしょう。掃除を手伝わない、服を脱ぎっぱなしにする、食器を流しに持っていかないなどなど、こまごまとした問題が起きてきます。

せっかく料理をつくって待っていたのに、彼が帰って来ないときには、むなしい思いを

LESSON 9
ルールズでかなう幸せな結婚

したりもします。電話でイライラしてぶつかってしまうこともあります。

「こんなはずじゃなかった」と思うかもしれませんが、女性が理解をしておくとよいのは、男性は家でのんびりしていても、外では仕事や人間関係でつらい思いをしているかもしれないということです。

だから、一方的に男性を責めるのは逆効果です。女性が不機嫌になればなるほど、心が離れていきます。そうならないためには、相手に求めるのではなく、常に自分が心地良い状態でいるようにしてください。

男性は仕事が忙しいと、それを理由にしてコミュニケーションをおろそかにしがちです。しかし、彼がそれほどひどい問題を抱えていないのであれば、神経質になるのはやめましょう。夫婦になってからは、小さな思いやりの積み重ねがとても大事です。「お疲れ様」という言葉などでいつもねぎらってあげてください。

そして、彼が時間通りに帰ってこなくても、気にしないよう工夫すること、自分のストレスの解消をする方法を考えましょう。

日々運動をすることも役に立ちます。この際だから普段できないことをやってもいいでしょう。彼の帰りが遅いなら、せっかくつくったごちそうだけれど冷蔵庫にしまって、好きな香りのお風呂にゆっくり入ってはどうでしょう？　日々のストレスはなるべくためずに、その都度消していくようにしてください。

男性を引き付ける極意は、女性が幸せでいることです。いつも機嫌がいい女性を、男性はずっと大切にしたいと思うようになるのです。

LESSON 9
ルールズでかなう幸せな結婚

やってほしいことは遠まわしに言っても伝わりません

「彼がこうしてくれない」と考え続けていると、いずれあなたの態度も意地悪になっていき、その態度に反応して彼も意地悪になっていったりもします。

手伝ってほしいときには、簡潔に「これをしてほしいの」と頼みましょう。「こんなに大変なのよ。あなたにも尽くしているのだから、常に気を遣って動いてほしい」と相手に察してもらおうというのは無理な話です。

これは長年の歴史の積み重ねから生まれた日本人女性特有のトラウマだ、とキャシは言います。日本人女性は前もって相手の気持ちを推測して動くようにと求められてきたため、男性にもそれを望むようになってしまった、そうやって動いてくれることが愛情の証しだと思っている、と言うのです。相手がそのように動いてくれないと、表面上は冷静であってもしつこくなる傾向があるそうです。

しかし、それは女性特有のもので、男性は〝察する〟ということを教えられてきていません。「こんなに困っているの」「いつも仕事で疲れているの」「こういうのは寂しいの」と聞いたときに、男性は「だから？」と思います。海外でも、自分の意見を言うことや、自分の意思で決めることが大事で、むしろ〝察する〟ということを悪くとらえる場合もあります。

「こんなに大変なんだから」と言えば大変さはわかるけれど、相手のためを思って勝手に動くのは、見方によっては単なるお節介で、見当はずれなことをする可能性もあるからです。

では、どうしてこういった遠まわしな話し方になってしまうのでしょうか？　それは潜在意識では、「自分はストレートにかなえたいことを言ってはならない」と信じ込まされてきたからです。でも、自分がかなわないと信じているなかで、相手を操る方法を使って気を遣ってもらおうとすればするほどずれ違っていき、相手は変わらなくなります。

日本人女性特有の〝察する〟を強要するやり方で夫婦関係をこじらせないためには、何かお願いしたいことがあるなら、1回1回きちんと意思を伝えることが大切です。状況を長々と説明するのではなく、「今日は掃除のここの部分を手伝ってほしいの」「庭の芝を刈っ

LESSON 9
ルールズでかなう幸せな結婚

てほしいの」と説明をしましょう。口に出さないことには、相手に気持ちは伝わりません。

話をしても、相手ができなければ放っておきましょう。たとえば、ご主人がテレビを観ているときに「掃除を手伝って」と言っても、男性はしないこともあります。あとでまとめてすればいいと思っていたり、テレビに集中すると、ほかのことが目に入らないのかもしれません。相手にも自分の生活に合わせてもらおうとしても、かえってストレスになるだけです。それに、「一度言ってもしてくれないから、もうダメなんだ」という考えにとらわれるほど、関係はこじれます。頼んだことをすぐに相手がやらなくても、自分が拒絶されたわけではありません。簡潔に伝え、相手の意思に任せ、そしてそれを積み重ねることでしか、いい関係は築けないのです。

自分がラクにできる方法や手を抜く方法、話して通じるタイミングを考えてみてください。そのうえで、相手がやってくれたら「ありがとう」とほめ、できないときは放っておけばいいのです。この手順を踏めば、男性は協力的になっていきます。「してくれないこと」をあげつらうよりも、「してくれた」ことを評価するほうが、相手はやる気になるのです。

ただしこのテクニックを使うのは、多くの場合は、共同作業が多くなる結婚後になるでしょう。「自分を愛してくれない」「自分をかまってくれない」という不安は、自分のなかにある何らかの不安の投影ですから、そこに必死になるのはよくはありません。

自分の思いを上手に伝えられる力を手に入れてください。そのためのヒントが、この本にはたくさんあるはずです。

LESSON 9
ルールズでかなう幸せな結婚

長続きの秘訣は、それぞれ「1人の時間」があることです

男性の趣味は自由にさせてあげてください。というのは、男性は女性とは異なり、会話するだけでは気持ちを落ち着かせることができないからです。つまり、ストレスの解消には何か趣味があったほうがいいのです。それは友だちとゴルフに出かけたり、野球をしたりすることかもしれません。

2人で過ごす時間がなくなるからといって、相手の趣味をやめさせようとすると、「この人は自分がいないと何もできないのか」「自分の自由を奪うのか」と感じるようになります。それでは結婚生活が息苦しいものになってしまいます。

なかには、妻が病気などになったときに、相手が趣味を控えて尽くしてくれる人もいます。でもそれは「自分の意思で」決めているというのがポイントです。いくら夫婦とはいえ、夫にそれを無理強いすることはできません。

どの程度趣味にお金や時間を使うかは程度問題ではありますが、夫婦の時間を持ちつつ、夫も趣味を楽しめるように工夫していってください。

その代わり、あなただって趣味を楽しめばいいのです。

夫婦になったからと言って、24時間、365日、一緒にいる必要はありません。互いに違う時間を過ごすことは、時に新鮮な気持ちを思い出させてくれるでしょう。

愛され続けるための10のルールズ

最後に、お伝えしてきたルールズのなかで、重要なポイントをまとめておきます。

ルールズは1つではなく、いくつかが重なり合うことで相乗効果が生まれ、あなたの印象が強く残り、愛されるという法則です。

ここで紹介する10のルールズを守り、習慣にしていけば、誰でも愛され続ける女性に変わるのです。

Rule 1

アプローチは男性から

男性は「自分が好きになる人」を本能的に知っていて、その人にアプローチをしてきます。そのため、相手があなたに関心があれば、あなたと2人きりの時間をつくりたがったり、話をしたがったりしてきます。

この最初の「彼があなたを好き」という部分がクリアでないと、ルールズはうまくいきません。仮にスタートしたとしても、途中でつかえてしまいます。

しかもルールズでは、相手が好きかどうかを、とても厳しく見積もります。だからアプローチは常に相手から、なのです。

彼が本当にあなたを好きならば、ルールズによって、どんどんあなたに夢中になっていきます。あなたはその流れに任せるだけでいいのです。

Rule 2

出会いを増やしていく

どんな場でもかまいません。スポーツクラブや習いごとなど、異性との出会いを目的とした場でなくてもいいので、どんどん外に出ていきましょう。意外な場所で出会う人もたくさんいます。

また、自分を磨いてきれいになっていくと、あなたに声をかける人も増えます。それはあなたの自信が引き寄せているのです。

Rule 3

土曜日のデートの約束は水曜日まで

デートのお誘いは、早めに来るものにだけOKしてください。土曜日の約束をするのなら、それは通常水曜日までです。

相手があなたを気にかけているなら、早めに声をかけてくるはずです。また、多くの人は週末休みのことが多いため、土日のデートはあなたが本命かどうかを表しています。もし土日にお誘いがない場合、本命ではないと思ったほうがいいでしょう。

ネットで出会った場合は特に、土日、あるいは彼の休日などに、あなたと長い時間会いたがらないのであれば注意が必要です。相手が妻帯者、あるいは彼女がいる可能性があります。

そして、断われる女性になってください。思いやりを示したいならば、丁寧に優しく、残念そうに断ればいいのです。

ただし、卑屈にならないようにしてください。丁寧と卑屈は違います。しっかりと一度、「とても残念だけれど、○○の予定があるの」というのが丁寧さ。卑屈さは、事情をすごく長く伝えたり、「申し訳ありません」「すみません」といった、まるであなたの時間を与えるのが当たり前であるかのような言い方をすることです。すると相手は、無意識のうちにあなたの価値を下げてしまうことがあります。

あなたは忙しい女性なのです。

自分のやることがあり忙しい人を、男性は尊重します。

Rule 4

こちらから追いかけない

逆に相手が「今日は会えないんだ」というときは、「あらそう？　それは残念だわ（だったら私は何をしようかな）」というような余裕を持ってください。あまりに連絡が来ないのであれば、「どうしてこないの？」と言うより、「自分が幸せではないならば、関係を終わらせる」くらいの勢いでいましょう。

責めるよりも、あっさりしておくのがポイントです。「今日はデートに行けないから」と男性に言われたときに、「先週も今週も会えなくて、どんなに寂しかったと思うの？」「もっと早く連絡してよ」などと責めた口調で言うと、男性はどうしていいのかわからずに返事をしないこともあります。

そこで責めずに、「それは残念ね」程度ですませ、「じゃあその日は思いっきり昼寝しちゃおう」と1人の時間を楽しめる女性であってください。

それに、相手が自分を好きではないならば、別の人を探せばいいのです。そういった相手にこだわらない女性の姿勢は、男性にとってすごく魅力的に映り、いったんはまると、とても大事にしてくれるようになります。

Rule 5

「決められる」女性になる

会話のなかで、いつも「自分のこういう気持ちを、相手が察して動いてほしいな」という話し方をする女性は、「自分」ではなくて「相手」に決めてほしいと思っています。すると、相手が同意してくれないものは、できなくなります。それは依存する関係をつくってしまいます。

そうではなく、「私はこれはしないでおこう」「私はこういうのが好きだからこれをしておこう」と、自分の意思で決めてみてください。

たとえば、「土曜日は彼が忙しそうだから、観たかった映画を観に行こう」とか、「このお店に行ってみたいけど、女性同士のほうが楽しそうだから女友だちと来よう」といった具合です。

それはわざわざ彼に言う必要はありません。もちろん、聞かれたら話してもいいのですが、大切なのは「自分」というものがあるかどうかです。そのような女性は、男性からも尊重されるようになっていきます。

何かにつけ、相手の了解を得ようとする人には、「自分」がありません。そして「自分」がある女性は、男性にとっても魅力的に映るのです。

Rule 6

体の関係はつきあっている確信が持ててから

最初から体の関係に入らないようにしましょう。それはおつきあいをはじめてからにしてください。

特にダメな印象を持たせるのは、最初から「何もしないから」とか「2人だけになろうよ」というように相手に押し切られてしまい、2人きりになりながら、「でもまだ心の準備ができていないの」と言うような、人任せの態度をとることです。

こういった女性は、「自分がないんだな」と男性に思われ、強気に出られることがあります。そのため、下手をすると体だけの関係になったり、つきあっていても彼に都合のいいように扱われることにもなりかねません。

とにかく体の関係は、2人がきちんとつきあっていると「あなたが」感じたら、です。

Rule 7

自分の時間をムダにしない

アルコールやギャンブル、お金にだらしないなど、彼に問題があるものの、「つきあっていたら、きっと変わってくれるはず」と思っているのであれば、その考えは改めてください。この考え方が、モラハラを招いたり、結婚して何年も経ってから相手が大嫌いになる原因をつくるのです。

時として、女性たちは経験を積まないと「この男性とは、もうつきあえない」ということがわからない場合もあります。でも、ルールズでは、できればムダな時間を省きたいのです。

そのため、ルールズについてこれない男性、そして何より、改善しなければあなたが幸せになれない問題を抱えている男性はやめておきましょう。もし、彼自身が本気で変わろうと思っていても、慎重に見極めてください。

Rule 8

ここぞというときは「連絡中断」

彼が結婚を言い出さないときには、ルールズを厳しくするか連絡中断をします。連絡中断は結婚をするつもりがあるのかどうか、聞いてみるいいチャンスです。それまでルールズを守り、そういったことを言ってこなかった分、彼には本気度が伝わります。「本当にこの女性が去ってしまう」とも感じます。

期限は3カ月。そして連絡中断を経て、もう一度おつきあいをしてもよいのは、彼が結婚を言い出すときのみです。

まだまだかかりそうなときでも、期限を延ばしてはいけません。「それまでは待てないかな。私も将来を考えないとならないし」と伝えて、あとは連絡を絶ちます。

この方法が失敗するのは、連絡してきた彼と話し合おうとしてしまって、彼に「なんだ、そんなに深刻でもないんだな」と思われてしまう流れをつくることです。それを繰り返していると、あなたが「オオカミ少年」のようになってしまって、軽くあしらわれてしまうことにもなりかねません。

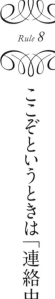

そのようなことがないように、次に行く覚悟をしたうえで、連絡中断をしてください。

その覚悟ができていないのであれば、ルールズを厳しめにします。破っていたルールズを厳しくすることで、彼の気持ちが再びあなたに向くことがあります。

連絡中断やルールズを厳しくしても効果がない場合、その男性はもうあなたを必要としなくなっているのかもしれません。無理をしてルールズをしても、なかなかうまくいかないでしょう。

そのときは「次」へ行くことも考えてみてください。

Rule 9

愛されないという「思い込み」を手放す

もし、あなたがタイプ的に「いつも相手の機嫌を損ねないように気を遣っていないと大事にされない、嫌われる、愛されない」と思っているのであれば、それは相手にも問題があるかもしれませんが、あなたにも問題があるのかもしれません。

あなたのなかに「この人のここさえ変われば、幸せになれる」「この人でないと私は幸せではない」という思い込みはないでしょうか？　自分は本当に素敵な人と幸せになれるのだと信じてみましょう。

そしてその思いを、非現実的に王子様を望んでいるというよりも、当然のことだと思ってください。すると、本当にそういう男性が現れたりするのです。

人はそれぞれ、さまざまな個性があります。怒りっぽかったり、優しいがために少しクヨクヨしがちだったり——それらの個性を全部変えないと愛されないというような偏った考え方は手放しましょう。

Rule 10

ルールズを信じる

ルールズを学んできて、「自分にはできない」「これは一部の特別な女性だけのことだ」とは、決して思わないでください。

恋愛は、うまくいくときは必ず「進む」ものです。そうでないときは、無理をして頑張る必要はありません。また、人と比べる必要もありません。

あなたはもっともっと愛されてよいのですし、そうなります。
あなたはとても価値のある女性、ＣＵＡＯなのですから。

おわりに

ルールズをお読みいただき、ありがとうございました。

私たちは、この30年、常に伝え続けてきました。

今のあなたの状態がどんなであれ、たとえ今、恋愛をしていなくても、過去の恋愛がうまくいっていなかったとしても、別れた直後だとしても、今の彼に大事にされていないと感じているとしても、ほかの友人たちが皆結婚をしてしまっていて、1人で心もとなく思っているとしても——決してあきらめないでください、と。


私たちも、ルールズによって結婚しました。そしてあなたも、あなたを深く愛する運命の人に出会うことができるのです。

最初は難しいと思うでしょう。できないと思うこともあるでしょう。まわりの人たちにも、理解されないかもしれません。

でも、決してあきらめないでください。それがこの本で、最後にお伝えしたいことです。

ルールズは調理法。でき上がる料理は、長く幸せな素晴らしい結婚生活です。

いつも希望を捨てないこと、それこそが、ルールズの神髄なのです。ほかの人々の言葉に惑わされず、あなたが幸せな結婚をすることだけを信じて進んでいってください。

最後に、出版を依頼してくださった青春出版社さん、そして翻訳者であるキャシへ。この本では、私たちが長年携わってきたルールズを、新たな切り口で紹介するという難しい挑戦をしました。そのチャレンジに真摯な思いで向き合い、力を尽くしていただき、心から感謝をしています。

皆さんに望んだ未来が訪れますように。

エレン・ファイン
シェリー・シュナイダー

【著者紹介】
エレン・ファイン　1957年生まれ。ニューヨーク在住。世界中でベストセラーとなった『THE RULES』の共著者。全米で25のサポート団体を持ち、「ルールズホットライン」「月刊ニューズレター」などで恋愛カウンセリングを行っている。二児の母。

シェリー・シュナイダー　1959年生まれ。ニュージャージー州在住。世界中でベストセラーとなった『THE RULES』の共著者。雑誌ライター。恋愛経験をもとにカウンセリングを行っている。一児の母。

【訳者紹介】
キャシ天野　催眠療法、NLP、カウンセリング手法などの理論を学び、現在は感情と感覚を整理していくセラピーを行っている。大学院で学び、その手法についての修士論文も提出。夫婦関係や人間関係の修復、才能を引き出すことを得意とする。著者のエレンとシェリーとの親交も深く、『ルールズ』の翻訳も担当。訳書に『THE RULES BEST　ベストパートナーと結婚するための絶対法則』（小社刊）などがある。

THE RULES SPECIAL
愛《あい》され続《つづ》ける習慣《しゅうかん》

2024年 11月30日　第1刷

著　者　エレン・ファイン
シェリー・シュナイダー
訳　者　キャシ天野《あまの》
発行者　小澤源太郎

責任編集　株式会社 プライム涌光
電話　編集部　03(3203)2850

発行所　株式会社 青春出版社
東京都新宿区若松町12番1号 〒162-0056
振替番号　00190-7-98602
電話　営業部　03(3207)1916

印刷　三松堂　　製本　ナショナル製本

万一、落丁、乱丁がありました節は、お取りかえします。
ISBN978-4-413-23382-8 C0095

青春出版社の四六判シリーズ

中学受験は親が9割 【令和最新版】
西村則康

仕事がうまくいく人は「人と会う前」に何を考えているのか
結果につながる心理スキル
濱田恭子

真面目なままで少しだけゆるく生きてみることにした
Ryota

お母さんには言えない子どもの「本当は欲しい」がわかる本
山下エミリ

図説 ここが知りたかった!
山の神々と修験道
鎌田東二【監修】

実家の片づけ 親とモメない「話し方」
渡部亜矢

〈中学受験〉親子で勝ちとる最高の合格
中曽根陽子

トヨタで学んだハイブリッド仕事術
ムダの徹底排除《スマートインプット》×成果の最大化《ベストアウトプット》を同時に実現する33のテクニック
森 琢也

売れる「値上げ」
選ばれる商品は値上げと同時に何をしているのか
深井賢一

こだわりが強すぎる子どもたち
PANS《パンス》/PANDAS《パンダス》の正体
本間良子 本間龍介

お願い ページわりの関係からここでは一部の既刊本しか掲載してありません。折り込みの出版案内もご参考にご覧ください。